平成29年改訂
中学校教育課程実践講座

数　学

永田 潤一郎 編著

ぎょうせい

はじめに

　2017年3月に新学習指導要領が告示されてから、1年が経過しようとしている。学習指導要領がこれまで約10年ごとに改訂されてきたことを考えると、中学校については、東京オリンピック・パラリンピック開催の翌年である2021年から2030年頃の学校教育の在り方と、子供たちが生きていくその先の未来を見据えた改訂となる。今回の改訂では、その未来像として、変化が今より一層加速度を増し、複雑で予測困難になる社会の到来を予想し、子供たちがこうした変化を前向きに受け止め、自らの人生を豊かなものにしていくことができるよう、学校教育を通して「生きる力」を育成することが志向されている。私たちは、こうした新学習指導要領の趣旨を、中学校数学科の指導を通じてどのように実現していけばよいのだろうか。

　これに対して「それはまだ先の話。2021年までにゆっくり考えればよい。」という答えが返ってきそうだが、あまり悠長に構えてもいられない。新学習指導要領告示の次年度に当たる2017年度は、その周知期間と位置付けられており、学校現場での指導に直接的な変化は現れなかったかもしれない。しかし、2018年度から小・中学校は移行措置期間に入る。移行措置期間とは、新学習指導要領が円滑に実施できるよう、現行学習指導要領に新たな内容を加えて指導する等の特例を設ける期間のことであり、文部科学省がこれを定めている。中学校については、2018年度から2020年度までの3年間がその期間に当たる。この間、数学科は、指導学年が変更になる内容などの関係で子供の学習に欠落が生じることのないように対応が必要である教科と位置付けられており、そのロードマップも示されている。また、文部科学省は、指導内容に移行がない場合についても、移行措置期間のうちから積極的に新学習指導要領に基づく取組を行うよう促している。そして、

「知識・技能」「思考力，判断力，表現力等」「学びに向かう力，人間性等」をバランスよく育成することを目指す新学習指導要領の趣旨を十分に踏まえた指導に転換することが求められている。つまり，新学習指導要領への実質的な対応は，2018年度から始まることになるのだ。こうした状況に鑑みると，新学習指導要領についての理解を深めることは，学校現場で指導に当たる教師にとって喫緊の課題といえる。

改めて，前ページの問に戻って考えてみよう。あなたはこの状況にどのように対処するだろうか。新学習指導要領に基づく教科書が手元に届くのは，まだ当分先の話である。それを待ち続けている間に移行措置期間は過ぎ去ってしまうだろう。まず，現時点で入手可能なできるだけ多くの情報を収集し，現行学習指導要領から新学習指導要領へのつつがない移行を実現できるよう，従来の指導を見直し，今後の指導の在り方を検討する必要があるのではないだろうか。

本書は，中学校数学科の教師が，新学習指導要領に対応した授業づくりに取り組む際，その視点の一つとして役立ててもらうことを意図して編集された一冊である。執筆は，数学教育について知悉し，その現状と将来に熱い思いを抱く研究者と実践家が担当している。どの執筆者も自分なりの立場から，新学習指導要領を読み解き，その趣旨の実現のための視点や方策を提案しているので，あなた自身の指導の評価と改善に役立ててもらえれば幸甚である。

最後に，本書の執筆の過程で適切な指摘と最大限の配慮をいただいた，株式会社ぎょうせいの出版企画部の皆さんに心から感謝を申し上げる次第である。

編著者　永田潤一郎

目　次

第1章　学習指導要領改訂の背景と基本的な考え方

第1節　現行学習指導要領の成果と課題 …………………………………… 2
1　現行学習指導要領までの道のり　2
2　現行学習指導要領の位置付け　4
3　現行学習指導要領の成果　6
4　平成20（2008）年告示の学習指導要領の課題　9

第2節　中学校数学科の指導を通して育てたい資質・能力 ……………… 12
1　資質・能力とその三つの柱　12
Q　中学校数学科で育てたい資質・能力は何ですか。　12
2　中学校数学科における資質・能力の育成　17

第3節　中学校数学科における「主体的・対話的で深い学び」……… 23
1　アクティブ・ラーニングと「主体的・対話的で深い学び」　23
Q　「主体的・対話的で深い学び」とはどのようなものですか。　23
2　中学校数学科における授業改善の活性化　26
Q　中学校数学科における「主体的・対話的で深い学び」とはどのようなものですか。　26
3　中学校数学科における学びの過程についての考え方　30
Q　中学校数学科における学びの過程とはどのようなものですか。　30

第4節　中学校数学科における「見方・考え方」…………………………… 34
1　教科等を学ぶ意義と「見方・考え方」　34
Q　「見方・考え方」とはどのようなものですか。　34
2　数学的な見方・考え方　36

- Q 現行の「数学的な見方や考え方」と今回の「数学的な見方・考え方」はどう違うのですか。　36

第2章　中学校数学科の目標の改善

第1節　教科の目標の改善　42
　　1　教科の目標の変遷　42
- Q 中学校数学科の目標はどのように改訂されましたか。　42
　　2　教科の目標の内容　44

第2節　各学年の目標の改善　50
　　1　各学年の目標の構成　50
- Q 各学年の目標はどのように設定されていますか。　50
　　2　各学年の目標の内容　51

第3章　各学年の内容

第1節　内容の構成及び各領域の概観　56
　　1　中学校数学科の内容の骨子　56
- Q 中学校数学科の内容はどのような構成になっていますか。　56
　　2　中学校数学科の各領域の概観　58

第2節　第1学年　62
A　数と式
- Q 第1学年の「数と式」はどのように改訂されましたか。　62
　　1　正の数と負の数の四則計算の方法を考察し表現すること　62
　　2　正の数と負の数を具体的な場面で活用すること　64
　　3　具体的な場面と関連付けて，一次式の加法と減法の計算の方

　　　　法を考察し表現すること　65
　　4　等式の性質を基にして，一元一次方程式を解く方法を考察し表現すること　66
　　5　自然数を素数の積として表すこと　67
B　図　形
Q　第1学年の「図形」の指導では，どのようなことに気を付けたらよいですか。　69
　　1　平行移動，対称移動及び回転移動　69
　　2　基本的な作図　71
　　3　空間図形とその平面上の表現　74
C　関　数
Q　第1学年の「関数」の指導では，どのようなことに気を付けたらよいですか。　77
　　1　小学校算数科の学習内容との関わり　77
　　2　他領域との関連　78
　　3　関数関係の意味　78
　　4　座標の意味　79
　　5　比例，反比例を表，式，グラフなどに表すこと　81
　　6　比例，反比例について理解すること　82
D　データの活用
Q　新設された「データの活用」の内容と指導のポイントについて教えてください。　84
　　1　小学校の「データの活用」の内容　84
　　2　統計分野　86
　　3　確率分野　89

第3節　第2学年　91

A　数と式
Q　第2学年の「数と式」はどのように改訂されましたか。　91

1　具体的な事象の中の数量の関係を文字を用いた式で表したり，式の意味を読み取ったりすること　91
　　2　計算の方法を考察し表現すること　92
　　3　文字を用いた式を具体的な場面で活用すること　93
　　4　一元一次方程式と関連付けて，連立二元一次方程式を解く方法を考察し表現すること　95

B　図　形
Q　第2学年の「図形」の指導では，どのようなことに気を付けたらよいですか。　98
　　1　基本的な平面図形の性質　98
　　2　図形の性質の発見と正当化　98
　　3　三角形の合同条件　99
　　4　数学的探究のための観察や操作，実験，証明　100
　　5　反例とその役割　103
　　6　証明の構想と証明の読み　104
　　7　日常の事象や社会の事象をみたり考えたりするためのツール　105

C　関　数
Q　第2学年の「関数」の指導では，どのようなことに気を付けたらよいですか。　107
　　1　一次関数について理解すること　107
　　2　表，式，グラフを相互に関連付けて考察し，表現すること　109
　　3　二元一次方程式を関数を表す式とみること　111
　　4　具体的な事象を捉え考察し表現すること　112

D　データの活用
Q　新設された「データの活用」の内容と指導のポイントについて教えてください。　114

1　統計分野　114
2　確立分野　117

第4節　第3学年 …… 121

A　数と式

Q 第3学年の「数と式」はどのように改訂されましたか。　121

1　既に学習した計算の方法と関連付けて，数の平方根を含む式の計算の方法を考察し表現すること，数の平方根を具体的な場面で活用すること　121

2　誤差や近似値，$a \times 10^n$ の形の数の表現　124

3　既に学習した計算の方法と関連付けて，式の展開や因数分解をする方法を考察し表現すること　125

4　因数分解や平方根の考えを基にして，二次方程式を解く方法を考察し表現すること　126

B　図　形

Q 第3学年の「図形」の指導では，どのようなことに気を付けたらよいですか。　128

1　平面図形の相似と三角形の相似条件　128

2　相似な図形の相似比と面積比や体積比との関係　129

3　累積的な学習指導と内容に依存した学習指導　130

4　円周角と中心角の関係　132

5　三平方の定理　133

C　関　数

Q 第3学年の「関数」の指導では，どのようなことに気を付けたらよいですか。　136

1　関数 $y = ax^2$ について理解すること　136

2　表，式，グラフを相互に関連付けて考察し，表現すること　137

3　いろいろな事象の中に，関数関係があることを理解すること　138

4　具体的な事象を捉え考察し表現すること　140
D　データの活用
Q　新設された「データの活用」の内容と指導のポイントについて教えてください。　144
　　1　標本調査の必要性と意味の理解　144
　　2　コンピュータなどの情報手段を用いた標本の収集と整理　144
　　3　標本調査の方法や結果を批判的に考察すること　147
　　4　標本調査を行い母集団の傾向を推定し判断すること　149

第5節　数学的活動　151
　　1　これまでの数学的活動　151
Q　「数学的活動」はどう変わりましたか。　151
　　2　これからの数学的活動　153

第6節　指導計画の作成と内容の取扱い　162
Q　指導計画の作成においては，どのような配慮が必要ですか，また，学習課題についてはどのような取扱いが必要ですか。　162
　　1　全体の構成　162
　　2　指導計画作成上の配慮事項　163
　　3　第2の内容の取扱いについての配慮事項　165
　　4　数学的活動の取組における配慮事項　166
　　5　課題学習とその位置付け　168

第4章　「主体的・対話的で深い学び」を実現する授業づくり

第1節　資質・能力を育む単元づくり　172
Q　これからの単元づくりのポイントを教えてください。　172
　　1　単元づくりに関する基本的な考え方　172

2　見通しをもった単元づくり　173
　　　3　中学校数学科における単元づくりの視点　175

第2節　資質・能力を見取る評価 ……………………………………… 181

Q　中学校数学科における評価の視点を教えてください。　181
　　　1　評価に関する基本的な考え方　181
　　　2　観点別学習状況の評価の見直し　182
　　　3　各観点の概要　182

第3節　事例：新教育課程を生かす授業 ……………………………… 187

A　数と式
　　　1　単元の目標　188
　　　2　単元の指導計画　188
　　　3　本時について　192

B　図　形
　　　1　単元の目標　200
　　　2　単元の指導計画　201
　　　3　本時について　205

C　関　数
　　　1　単元の目標　210
　　　2　単元の指導計画　211
　　　3　本時について　213

D　データの活用
　　　1　単元の目標　217
　　　2　単元の指導計画　219
　　　3　本時について　223

第5章　指導に向けて検討すべき事項

第1節　教科等間・学校段階間のつながり ……………………………… 232
Q　中学校数学科と教科等間・学校段階間のつながりをどう捉えたらよいでしょうか。　232
　　1　中学校数学科からみた教科等間のつながり　232
　　2　中学校数学科からみた学校段階間のつながり　234

第2節　中学校数学科と「社会に開かれた教育課程」 ……………… 238
Q　中学校数学科からみた「社会に開かれた教育課程」とはどのようなものでしょうか。　238
　　1　「社会に開かれた教育課程」の位置付け　238
　　2　中学校数学科としての対応　239

資料：中学校学習指導要領（平成29年3月）〔抜粋〕　243
編者・執筆者一覧

第1章

学習指導要領改訂の背景と基本的な考え方

第1節 現行学習指導要領の成果と課題

1　現行学習指導要領までの道のり

(1)　平成10（1998）年告示の学習指導要領が重視したもの

　平成29（2017）年3月31日，新学習指導要領が告示された。平成に入って4回目の改訂である。ここでは，その前提となる平成20（2008）年に告示された現行学習指導要領の成果と課題を確認するが，その糸口として，さらに一つ前の世代である平成10（1998）年に告示された学習指導要領に遡り，その改訂の経緯を振り返ることから始めることにする。

　平成10（1998）年に告示された前学習指導要領では，いじめや不登校など学校教育における問題の深刻化や，21世紀に向けて（当時はまだ20世紀であった），国際化，情報化，科学技術の発展，環境問題への対応など新しい教育の在り方が問われるようになってきたことを受けて，子供たちが基礎・基本を確実に身に付けられるようにするとともに，自ら学び自ら考える力などの「生きる力」を育成することが求められた。学習指導要領改訂の方向性を示した教育課程審議会（当時）の答申では，これからの学校教育の在り方として，「ゆとり」の中で自ら学び自ら考える力などの「生きる力」を育成することを目指し，教育内容の厳選と基礎・基本の徹底を図るとともに，一人一人の個性を生かすための教育を推進し，豊かな人間性とたくましい体を育むための教育に改善することが提言された。また，教科横断的・総合的な指導を推進するため「総合的な学習の時間」を設けることや，完

全学校週五日制を導入することなどが示されたのもこのときである。

　こうした教育課程改善の方向性については，賛同する意見や期待感が寄せられた反面，一部マスコミなどを中心に子供の学力低下に対する不安を表明する意見も当初から少なくなかった。文部科学省は，発展的な学習と補充的な学習を推進するための指導資料を発表するなどして，一人一人の子供に応じた指導の充実に努めたが，平成15（2003）年に，小・中・高等学校の学習指導要領の一部を改正し，次年度からこれを実施するに至った。

　当時の情勢を振り返ってみると，「基礎・基本の確実な定着を図り，個性を生かす教育を充実する」という目標のうち，「基礎・基本の確実な定着」はいつの間にか姿を消し，「個性を生かす教育の充実」のみが強調され，自ら学び自ら考える力の育成に偏った教育に読み替えられていった感は否めない。基礎的・基本的な知識・技能の習得と，これらを活用して課題を解決するために必要な思考力・判断力・表現力等の育成の両者に注目しながら，いつの間にかそのバランスが失われていったということである。このため，平成15（2003）年の学習指導要領一部改正において，学習指導要領は，教師が全ての子供に指導すべき内容等を示したものであり，各学校においては，まずはこの内容の確実な定着を図ることが求められているという学習指導要領の基準性が明らかにされている。そして，こうした指導を十分に行った上で，個性を生かす教育を充実する観点から，子供の実態等に応じ，学習指導要領に示されていない内容を加えて指導することも可能であることが明確にされた。こうした流れは，子供たちの学びの現状とその未来を考え，基礎的・基本的な知識・技能と，思考力・判断力・表現力等のバランスを今一度見直し，両者の育成を図ろうとしたものであったとみることができる。

(2)　中学校数学科の状況

　この学習指導要領改訂の際，中学校数学科の状況はどうだったのだ

ろうか。授業時数については，完全学校週五日制の実施に伴う年間総授業時数の縮減などの影響を受け，それまで第1学年，第2学年，第3学年で，それぞれ週当たり3時間，4時間，4時間であったものが，各学年とも3時間とされた。年間授業時数に換算すると，中学校3年間で70時間の減少である。その上，「授業時数の縮減以上に教育内容を厳選する」ことが求められたため，中学校数学科の改訂に当たっては，限られた授業時数の枠内で，数学科の特性である系統性を維持しながら，内容をどのように構成するかが重大な課題となった。さらに，小学校算数科でも同様の対応が求められたため，削減する内容の一部を中学校数学科に移行する必要が生じた。この影響も受けて，中学校数学科の内容構成は一層困難を極めた。その結果，「取扱いが行き過ぎになりがちな内容」（立方体の切断など）や，「複雑な思考を要する内容」（三角形の重心など）等と判断されたものについては，軽減，削除，あるいは，高等学校で統合して扱うこととされた。こうした流れの中で，資料の整理や標本調査などの統計に関わる内容が高等学校数学科へ移行統合され，中学校数学科から完全に姿を消したのもこのときである。

2 現行学習指導要領の位置付け

(1) 「生きる力」をバランスよく育成するために

こうした経緯を受けて，平成20（2008）年に告示された現行学習指導要領が目指したのは，一言でいえば「生きる力」をバランスよく育成することであった。前述したとおり，これまで，平成10（1998）年に告示された前学習指導要領の下，各学校では「自ら学び自ら考える力の育成」を目指した指導が進められてきた。しかし，本来これと対を成すはずの「基礎・基本の確実な定着」はいつの間にか影を潜め，各学校の授業では，子供の自主性を尊重し，「教師が教えることより

も，子供が考えることを大切にする」ことを重視する風潮が広がった。こうした状況に対しては，教師が本来必要な指導まで躊躇するような雰囲気が生まれているのではないかという疑問が当事者である教師の間でも生じていたのである。また，授業時数の縮減の結果，小・中学校における教科の授業時数が，習得・活用・探究という学びの過程を実現するには十分ではないことも明らかになってきた。特に，自ら学び自ら考える力を育成する探究活動のためには，その基盤となる習得・活用を各教科の指導を通じて実現する必要があるにもかかわらず，そのための授業時数が確保されていないのではないかといった危機感が教育関係者や保護者の間にも広がった。

　平成20（2008）年に告示された現行学習指導要領に至る改訂では，こうした状況を見直し，平成18（2006）年に教育基本法が改正され，教育の目的や目標がより明確になったことを踏まえ，子供たちが生きる21世紀を，新しい知識・情報・技術が政治・経済・文化をはじめ社会のあらゆる領域での活動の基盤として飛躍的に重要性を増す「知識基盤社会」の時代と位置付けている。そして，知識基盤社会を生きる子供たちに必要な力こそ「生きる力」であることを再確認し，その育成を実現することができる教育課程を目指した見直しが行われた。

(2) 理念の継承

　ここで重要なことは，平成20（2008）年告示の学習指導要領は，その理念において平成10（1998）年に告示された前学習指導要領を継承しているということである。従来，学習指導要領は，その改訂のたびに方向性を大きく変えると批判され，その変化は「まるで振り子のよう」などと揶揄された時代もあった。しかし，現在では，新学習指導要領まで含め，そうした「ぶれ」は見られなくなり，「生きる力」を育むことに収束しつつある。このことがよく分かる興味深い資料がある。左の図は，平成20（2008）年に新学習指導要領が告示された際，全国の全ての学校の教師に配布されたパンフレットである。Ａ４判

第1章　学習指導要領改訂の背景と基本的な考え方

8ページ（全ページカラー）のこのパンフレットは，全国の教師に向けて新しい学習指導要領の趣旨を周知することを目的に作成されたものである。その表紙には「生きる力」と大きな文字で掲げられ，その下に「『理念』は変わりません『学習指導要領』が変わります」と記されている。上述したことから，このメッセージの意図するところは明らかだろう。

また，こうした改訂を学力の面からみると，従来からの「ゆとり」か「詰め込み」かという二項対立に終止符を打ち，学校教育法第30条第2項に示された「基礎的な知識及び技能」「これらを活用して課題を解決するために必要な思考力，判断力，表現力その他の能力」及び「主体的に学習に取り組む態度」から構成されるいわゆる「学力3要素」のバランスのとれた育成を重視した教育課程の改善を進めることとなったのである。

3　現行学習指導要領の成果

(1)　言語活動の充実

ここからは，上述したような経緯を受けて，平成20（2008）年に告示され，中学校では平成21（2009）年度から先行実施，平成24（2012）年度から全面実施された現行学習指導要領について，中央教育審議会が平成28（2016）年12月に発表した「幼稚園，小学校，中学校，高等学校及び特別支援学校の学習指導要領等の改善及び必要な方策等について（答申）」（以下，「中教審答申」とする）を基に，中学校数学科

に関わる事柄を中心として，その成果と課題を確認しよう。

まず，成果として確認したいのが，「言語と体験の重視」である。現行学習指導要領では，各教科等を貫く改善の視点として言語活動と体験活動を重視してきた。前ページで示した教師向けパンフレットでは，「教育内容に関する主な改善事項」の筆頭に「言語活動の充実」を挙げている。中学校数学科においても，言語活動の果たしてきた役割は大きい。子供の思考力・判断力・表現力等を育む観点から，基礎的・基本的な知識・技能の活用を図る学習活動を重視するとともに，言語に対する関心や理解を深め，言語に関する能力の育成を図る上で必要な環境を整え，子供の言語活動を充実することを目指してきた。中教審答申では，こうした言語活動の充実が，教師の視線を子供の学習の結果だけでなく，学習の過程にも向けさせ，記録や要約，説明，論述，話合いといった活動を重視した指導を実現し，思考力・判断力・表現力等の育成に一定の効果を上げてきたことを認めている。特に中学校数学科においては，数式を「広い意味での言語」と位置付け，数学的な表現を用いた学習活動の充実を図ってきた。数式は，単に計算の手段であるばかりでなく，文字式などを用いて数量やそれらの関係を表すことで，自分の考えを伝えたり，他者の考えを読み取ったりすることができる。こうした役割を果たすものこそ言語である。多くの学校でこうしたことを意図して言語活動を取り入れた授業が広く行われるようになり，その成果は子供の学力の定着にも寄与することとなった。

(2) 学力向上の基盤づくり

現行学習指導要領の成果を学力向上の視点から考える場合，全国学力・学習状況調査との関係を忘れるわけにはいかない。全国学力・学習状況調査は，現行学習指導要領が告示された平成20（2008）年の前年である平成19（2007）年に第1回目の調査が実施されている。以来，学校教育におけるPDCAサイクルを形成するため，「Plan」とし

ての学習指導要領と，その趣旨の実現に向けて行われる各学校現場における教師の指導（すなわち「Do」）の成果を確認する「Check」としての全国学力・学習状況調査は，確かな学力を育成するための車の両輪としての役割を果たしてきた。こうした学力の状況について，中教審答申は，国内外の学力調査の結果において近年改善傾向が見られることを評価している。具体的には，平成27（2015）年に実施された国際教育到達度評価学会（IEA）の国際数学・理科教育動向調査（TIMSS2015）において，全ての教科で引き続き上位を維持し，平均得点は有意に上昇しており，小・中学生の算数・数学の平均得点は平成7（1995）年以降の調査において最も良好な結果になっていることを挙げている。また，同年に経済協力開発機構（OECD）が実施した生徒の学習到達度調査（PISA2015）においても，日本は数学的リテラシーのみならず，科学的リテラシーや読解力においても国際的に見ると引き続き平均得点が高い上位グループに位置していることを現行学習指導要領の成果として示している。同調査については，平成15（2003）年の調査（PISA2003）の結果に端を発したいわゆる「PISAショック」を記憶している方も少なくないだろう。平成20（2008）年告示の学習指導要領はこうした不安を払拭する役割も果たしたことになる。

　以上のような変化は，日本の学校教育への信頼感を高めるという効果も生み出した。中教審答申では，内閣府の調査を根拠に，子供たちの9割以上が学校生活を楽しいと感じ，保護者の8割は総合的に見て学校に満足していることを指摘している。また，こうした現状は，各学校において学習指導要領等に基づく真摯な取組が重ねられてきたことの成果であるとしており，学校現場で「Do」を担う教師の指導を高く評価している。

4 平成20（2008）年告示の学習指導要領の課題

(1) 数学に対する意識

このように見てくると，平成20（2008）年告示の学習指導要領は十分にその役割を果たしており，特に課題はないようにも感じられる。しかし，前述したとおり，学習指導要領が引き続き「生きる力」を育むことを希求しているということは，裏を返せば，それが十分には育まれてはいないことを意味する。

中教審答申では，中学校数学科について，PISA2015で前述したような改善が見られるものの，学力の上位層の割合はトップレベルの国や地域よりも低い結果となっていることや，TIMSS2015では，中学生が数学を学ぶ楽しさや，実社会との関連に対して肯定的な回答をする割合に改善が見られる一方で，いまだ諸外国と比べると低い状況にあるなど学習意欲面で課題があることが指摘されている。さらに，小学校と中学校の間で算数・数学の勉強に対する意識に差があり，小学

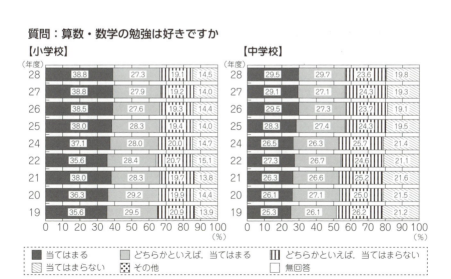

校から中学校に移行すると，数学の学習に対し肯定的な回答をする子供の割合が低下する傾向にあることも指摘されている。前ページの図は，全国学力・学習状況調査の意識調査における質問項目「算数・数学の勉強は好きですか」に対する，小学校6年生と中学校3年生の回答の状況を，調査開始時の平成19（2007）年度から平成28（2016）年度まで比較したものである。小学校については，調査開始時から肯定的な反応（「当てはまる」と「どちらかといえば，当てはまる」の合計）は60％を超え70％に迫る勢いであるが，中学校については暫時改善しつつあるものの，未だに60％に達していない。現行学習指導要領で，中学校数学科が「数学的活動の楽しさ」を重視してきたことを考えると，課題があるといわざるを得ない状況である。学力3要素のうち，「主体的に学習に取り組む態度」の育成という視点からも今後留意する必要がある。

(2) 数学的な表現を用いた理由の説明

指導内容に関しては，全国学力・学習状況調査等の結果から，「数学的な表現を用いた理由の説明」に課題が見られることが指摘されている。現行学習指導要領が「〔数学的活動〕」に「数学的に説明し伝え合う活動」を位置付けて言語活動を充実させることで，思考力・判断力・表現力等の育成に一定の効果を上げてきたことを考えると，今後ともその指導の充実が必要であるといえるだろう。国立教育政策研究所がまとめた「全国学力・学習状況調査の4年間の調査結果から今後の取組が期待される内容のまとめ　～児童生徒への学習指導の改善・充実に向けて～（中学校編）」によると，例えば，予想したことを文字式を用いて説明することを指導する際に，次のような流れで授業を構成することが提案されている。

・まず，指導の過程に，どのようなことが予想できるかを子供に議論させる場面を設定する。
・次に，子供が予想したことの前提と結論を確認し，それをノート等

に「〜は…である。」と命題の形で記述する場面を設定する。
・その上で，予想した事柄が正しいことの理由を説明する活動を設定する。

　子供に予想させることは，その正しさを説明することの必要性を実感させることにつながる。また，予想する際には，正しい予想だけでなく，誤った予想も取り上げ，全体でそれらが正しいかどうかを理由を明らかにして説明していく活動を取り入れることの重要性も指摘されている。

(3) 統計的な内容の取扱い

　中教審答申では，中学校数学科の個別の指導内容に関する指摘はほとんどなされていないが，統計的な内容の指導についてのみ，小学校や高等学校も含めて課題が示されている。これは，子供たちが生きていく将来が，変化の激しい予測が困難な時代であることを見据えての指摘である。こうした社会では必要なデータを収集して分析し，その傾向を踏まえて課題を解決したり，意思決定をしたりすることの重要性が一層増すことになる。これに対応するためには，統計的な内容に関する学習を充実させるとともに，小・中・高等学校教育を通じた系統的な指導を可能にする教育課程の改善について検討していくことが必要になる。

　前述したとおり，統計的な内容は，平成10（1998）年に告示された前学習指導要領で中学校数学科の内容から一旦姿を消している。現行学習指導要領ではこれを見直し，従前の「資料の整理」にとどまらない「資料の活用」へと刷新し，領域として独立させて再び指導内容に位置付けた。その意味では，さらなる指導の充実が求められている点を，現行学習指導要領における改善事項の的確さとして，成果と捉えるべきかもしれない。

第2節
中学校数学科の指導を通して育てたい資質・能力

1 資質・能力とその三つの柱

Q 中学校数学科で育てたい資質・能力は何ですか。

(1)「生きる力」の具体化

　第1節でも述べたとおり，新学習指導要領は，これまでの学習指導要領が目指してきた「生きる力」を育むという理念を継承している。その上で，子供の現状や将来へ向けての課題に的確に対応していくために，「生きる力」としてどのような資質・能力を育むことを目指しているのかを具体化し共有することで，その実現を図ろうとしている。

　中教審答申では，こうした取組が，すでに始まっている教師集団の世代交代への対応という視点からも重要であると指摘されている。周知のとおり，近年，教師の大量退職・大量採用の動きが全国の都道府県で見られ，都市部を中心に，30代や40代の教師が極端に少ない学校で，初任者等の若手教師が急激に増加するという状況が発生している。こうした状況は，各教科等の指導技術の伝承を困難にする可能性があり，「生きる力」を育むという理念の具体化や，資質・能力と教育課程とのつながりの明確化を図ることが一層急務になってきている。「子供をどう指導するか」とともに，「若い教師をどう指導するか」ということが，学校教育関係者の間でこれまで以上に大きな課題になっているのである。

(2) 資質・能力の整理

　では，子供が未来を切り拓き，自らの進むべき道を見いだして生きていくために必要な資質・能力とはどのようなものなのか。それらを整理し，学校教育全体を通じて確実に身に付けられるようにすることが必要である。中教審答申では，全ての資質・能力に共通し，その資質・能力を高めていくために重要となる要素とは何かに注目し，その要素を基に，教科等と教育課程全体の関係や，教育課程に基づく教育と資質・能力の育成の間をつなぐことで，求められる資質・能力を教育課程の中で計画的に整理し，体系的に育んでいくことができるようにする必要があるとしている。そして，先行する国内外の事例や，カリキュラムに関する研究等（例えば，OECDにおけるキーコンピテンシーや，21世紀型スキルなど）の分析を基に，資質・能力に共通する要素は，次の３つに大きく分類できるとまとめている。

・知識に関するもの
・スキルに関するもの
・情意（人間性など）に関するもの

　すぐに気が付くことは，これらが，学校教育法第30条第２項に示された学校教育において重視すべき学力の３要素，すなわち，

・基礎的な知識及び技能
・これらを活用して課題を解決するために必要な思考力，判断力，表現力その他の能力
・主体的に学習に取り組む態度

と概ね共通していることである。現行学習指導要領が，学校教育法を前提に改訂されたことを考え合わせると，「生きる力」を育むという理念だけでなく，それを実現するための方策についても，新学習指導要領は現行学習指導要領の方向性を基本的に引き継いでいることが分かる。

(3) 三つの柱

これら3要素を基に，どのような教科等や諸課題に関する資質・能力にも共通しており，その資質・能力を高めていくために重要となる要素とは何かを検討し，学習する子供の視点に立って整理されたのが，以下の①から③に示す資質・能力の三つの柱である。

① 何を理解しているか，何ができるか（生きて働く「知識・技能」の習得）

② 理解していること・できることをどう使うか（未知の状況にも対応できる「思考力・判断力・表現力等」の育成）

③ どのように社会・世界と関わり，よりよい人生を送るか（学びを人生や社会に生かそうとする「学びに向かう力・人間性等」の涵養）

ここで①の知識・技能については，思考力・判断力・表現力等に比べて軽視されがちであるが，知識や技能は，思考力・判断力・表現力等を通じて習得されたり，その過程で活用されたりするものであり，社会との関わりや人生の見通しの基盤ともなるものである点に注意が必要である。前学習指導要領で「基礎・基本の確実な定着」が忘れ去られた結果，教育課程全体がバランスを失った苦い経験を忘れてはならない。資質・能力の三つの柱は相互に関係し合いながら育成されるもので，資質・能力の育成は知識の質や量にも支えられている。こうした考え方は，現行学習指導要領が習得と活用の関係を，知識・技能の活用がその習得を促進するなど，相互に関連し合って育まれるものと捉えたことに通じるものがある。算数・数学科では，例えば全国学力・学習状況調査における「A問題」と「B問題」を，「『A問題』を基礎，『B問題』を応用」とするのではなく，「どちらも全ての子供にできるようになってほしい内容」と位置付け，相互に関連付けた出題が行われているなど，すでに当然の解釈となっているといえよう。

また，中教審答申では，②の思考力・判断力・表現力等について，

その過程を以下の三つに分類して示している。
- 物事の中から問題を見いだし，その問題を定義し解決の方向性を決定し，解決方法を探して計画を立て，結果を予測しながら実行し，振り返って次の問題発見・解決につなげていく過程
- 精査した情報を基に自分の考えを形成し，文章や発話によって表現したり，目的や場面，状況等に応じて互いの考えを適切に伝え合い，多様な考えを理解したり，集団としての考えを形成したりしていく過程
- 思いや考えを基に構想し，意味や価値を創造していく過程

　指摘されている学習活動は，いずれも算数・数学科において，従来から問題解決の授業として行われているものばかりである。しかし，そうした一連の学習活動を思考・判断・表現の過程の中で個々に顕在化し，指導の明確化を求めている点に特徴がある。後述するように，算数・数学科では，中教審答申の資料の中で，「資質・能力の育成のために重視すべき学習過程の例」や「算数・数学の学習過程のイメージ」（32ページ参照）として具体化されている。今後，授業の中でどのように指導していくか検討が必要である。

　③の学びに向かう力・人間性等については，学校教育法にも示された主体的に学習に取り組む態度も含めた学びに向かう力や，自己の感情や行動を統制する能力，自らの思考の過程等を客観的に捉える力など，いわゆる「メタ認知」に関する要素が取り入れられている。こうした力は，学校教育のみならず，子供の将来を見通して，社会を生き抜く力につながるという観点からも重要である。また，もう一つの要素として，多様性を尊重する態度と互いのよさを生かして協働する力，持続可能な社会づくりに向けた態度，リーダーシップやチームワーク，感性，優しさや思いやりなど人間性等に関するものが取り入れられている。中学校数学科においても，グループでの話合いの場面を設ける授業はすでに珍しくない。今後はこうした場面で，人間性等

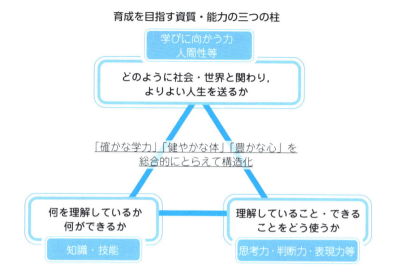

に配慮した指導がなされているか一層留意することが求められている。

(4) 三つの柱と「生きる力」

　ここまでの話をまとめておこう。新学習指導要領では，これまでの学習指導要領が目指してきた「生きる力」を育むという理念を継承しつつ，その実現のために，「生きる力」としてどのような資質・能力を育むことが必要なのかを三つの柱として具体化した。上の図「育成を目指す資質・能力の三つの柱」は，中教審答申に示された資料である。(3)で取り上げた三つの柱の構成要素を，三角形の頂点に配置してまとめている。ところで，この図の中央に「『確かな学力』『健やかな体』『豊かな心』を総合的にとらえて構造化」と記されていることに注目してもらいたい。実はこの「確かな学力」「健やかな体」「豊かな心」こそ，現行学習指導要領における「生きる力」の構成要素であり，これら構成要素がバランスよく育成されることで，「生きる力」が育まれると考えられているのである。文部科学省のWebサイトを見ると，「現行学習指導要領の基本的な考え方」を説明したWebサイト

```
┌─────────────────────────────────────┐
│         確かな学力                    │
│         基礎的な知識・技能を習得し，   │
│         それらを活用して，            │
│         自ら考え，判断し，表現することにより，│
│         様々な問題に積極的に対応し，解決する力 │
│                                      │
│              生きる力                 │
│                                      │
│   豊かな人間性          健康・体力      │
│   自らを律しつつ，      たくましく生きるための │
│   他人とともに協調し，   健康や体力     │
│   他人を思いやる心や                  │
│   感動する心などの                    │
│   豊かな人間性                        │
└─────────────────────────────────────┘
```

(http://www.mext.go.jp/a_menu/shotou/new-cs/idea/, 平成29（2017）年12月確認）には，上の図が示されており，「生きる力」が3要素の重なる部分とされていることが分かる。また，このWebサイトでは，「変化の激しいこれからの社会を生きるために，確かな学力，豊かな心，健やかな体の知・徳・体をバランスよく育てることが大切です」と説明が加えられている。新学習指導要領では，三つの柱を取り入れることで，従来からの「生きる力」を再整理し，資質・能力の視点から捉え直したことが分かる。

2　中学校数学科における資質・能力の育成

(1)　学習指導要領の項立ての変更

　三つの柱の整理に伴い，新学習指導要領では，その項立てにも一部変更が加えられた。各学年の「2　内容」で，領域ごとに「ア　次のような知識及び技能を身に付けること。」及び「イ　次のような思考力，判断力，表現力等を身に付けること。」の項が設けられ，これに

沿って内容が整理された。この変更は数学科に限らず，他の教科等でも同様である。こうした変更と具体的な内容については，第3章で考えることにして，ここでは，中教審答申に示された次ページの資料「算数・数学科において育成を目指す資質・能力の整理」を基に，中学校数学科における資質・能力の育成について考えてみよう。

(2) 生きて働く「知識・技能」の習得

次ページの表の中で「知識・技能」の欄に示されている「数量や図形などに関する基礎的な概念や原理・法則の理解」は，現行学習指導要領の教科の目標にも示されている内容である。また，「事象を数学化したり，数学的に解釈したり，表現・処理したりする技能」についても，現行学習指導要領の教科の目標にある「数学的な表現や処理の仕方を習得」することについて，現行学習指導要領解説で「日常生活や社会における事象を数学的に表現し，数学的に処理して問題を解決することに役立てられるようにする」と述べられている内容をその過程に注目して記述したものと考えられる。これらは，従来から中学校数学科として大切にしてきた知識・技能である。

「数学的な問題解決に必要な知識」については，いくつかの解釈が成り立つだろう。問題解決の手順に関する知識もその一つである。例えば，現行学習指導要領解説の第1学年「一元一次方程式の活用」では，方程式を活用して問題を解決するための手順を，「①求めたい数量に着目し，それを文字で表す。」「②問題の中の数量やその関係から，二通りに表される数量を見いだし，文字を用いた式や数で表す。」「③それらを等号で結んで方程式をつくり，その方程式を解く。」「④求めた解を問題に即して解釈し，問題の答えを求める。」のようにまとめている。現行の中学校数学科の教科書でも，単元末などで「学習のまとめ」などとして示されていることがあるが，教師がこうした内容を子供が身に付けるべき知識として指導していくことが考えられる。また，こうした学習過程をより広く一般的に捉え，例えば次の表

第2節　中学校数学科の指導を通して育てたい資質・能力

算数・数学科において育成を目指す資質・能力の整理

		知識・技能	思考力・判断力・表現力等	学びに向かう力・人間性等	資質・能力の育成のために重視すべき学習過程の例＊
高等学校	数学	・数学における基本的な概念や原理・法則の体系的理解 ・事象を数学化したり，数学的に解釈したり，表現・処理したりする技能 ・数学的な問題解決に必要な知識	・事象を数学的に考察する力 ・既習の内容を基にして問題を解決し，思考の過程を振り返ってその本質や他の事象との関係を認識し，統合的・発展的に考察する力 ・数学的な表現を用いて事象を簡潔・明瞭・的確に表現する力	・数学的に考えることのよさ，数学の用語や記号のよさ，数学的な処理のよさ，数学の実用性などを認識し，事象の考察や問題の解決に数学を積極的に活用して，数学的論拠に基づいて判断する態度 ・問題解決などにおいて，粘り強く，柔軟に考え，その過程を振り返り，考察を深めたり評価・改善したりする態度 ・多様な考えを生かし，よりよく問題解決する態度	・疑問や問いの発生 ・問題の設定 ・問題の理解，解決の計画 ・計画の実行，結果の検討 ・解決過程や結果の振り返り ・新たな疑問や問い，推測などの発生
中学校	数学	・数量や図形などに関する基礎的な概念や原理・法則の理解 ・事象を数学化したり，数学的に解釈したり，表現・処理したりする技能 ・数学的な問題解決に必要な知識	・日常の事象を数理的に捉え，数学を活用して論理的に考察する力 ・既習の内容を基にして，数量や図形などの性質を見いだし，統合的・発展的に考察する力 ・数学的な表現を用いて事象を簡潔・明瞭・的確に表現する力	・数学的に考えることのよさ，数学的な処理のよさ，数学の実用性などを実感し，様々な事象の考察や問題解決に数学を活用する態度 ・問題解決などにおいて，粘り強く考え，その過程を振り返り，考察を深めたり評価・改善したりする態度 ・多様な考えを認め，よりよく問題解決する態度	・疑問や問いの発生 ・問題の設定 ・問題の理解，解決の計画 ・計画の実行，結果の検討 ・解決過程や結果の振り返り ・新たな疑問や問い，推測などの発生
小学校	算数	・数量や図形などについての基礎的・基本的な概念や性質などの理解 ・日常の事象を数理的に表現・処理する技能 ・数学的な問題解決に必要な知識	・日常の事象を数理的に捉え，見通しをもち筋道を立てて考察する力 ・基礎的・基本的な数量や図形の性質や計算の仕方を見いだし，既習の内容と結びつけ統合的に考えたり，そのことを基に発展的に考えたりする力 ・数学的な表現を用いて事象を簡潔・明瞭・的確に表したり，目的に応じて柔軟に表したりする力	・数量や図形についての感覚を豊かにするとともに，数学的に考えることや数理的な処理のよさに気付き，算数の学習を進んで生活や学習に活用しようとする態度 ・数学的に表現・処理したことを振り返り，批判的に検討しようとする態度 ・問題解決などにおいて，よりよいものを求め続けようとし，抽象的に表現されたことを具体的に表現しようとしたり，表現されたことをより一般的に表現しようとするなど，多面的に考えようとする態度	・疑問や問いの気付き ・問題の設定 ・問題の理解，解決の計画 ・解決の実行 ・解決したことの検討 ・解決過程や結果の振り返り ・新たな疑問や問いの気付き

＊学習過程については，自立的に，時に協働的に行い，それぞれに主体的に取り組めるようにする。

に示された「資質・能力の育成のために重視すべき学習過程の例」などを子供が知識として身に付け，主体的に問題解決に取り組めるようにすることも考えられるだろう。他にも，学習の過程で用いた方法やアイデアを，汎用性のある知識（いわゆる「方法知」）として身に付けられるようにすることも，数学的な問題解決に必要な知識である。例えば，「図形」領域における論証の指導では，線分の長さや角の大きさが等しくなることを証明することが多い。その際，「その線分や角が対応する成分になっている二つの合同な三角形を見いだすこと」を子供が理解していれば，証明の方針を立てることが容易になる。こうした方法知を，数学的な問題解決に必要な知識として意図的に指導することも考えられるだろう。

(3) 「思考力・判断力・表現力等」の育成

前ページの表の中で「思考力・判断力・表現力等」の欄に示されている三つの力は，新学習指導要領の「〔数学的活動〕」に示された三つの活動例と内容的に類似している。下の表は，これらを整理してみたものである。新学習指導要領が，思考力・判断力・表現力等の育成を数学的活動を通して実現しようとしていることがよく分かる。これについては，第3章の第5節で数学的活動について検討する際に，改めて考察することにする。

思考力・判断力・表現力等	〔数学的活動〕（第1学年）
・日常の事象を数理的に捉え，数学を活用して論理的に考察する力	ア　日常の事象を数理的に捉え，数学的に表現・処理し，問題を解決したり，解決の過程や結果を振り返って考察したりする活動
・既習の内容を基にして，数量や図形などの性質を見いだし，統合的・発展的に考察する力	イ　数学の事象から問題を見いだし解決したり，解決の過程や結果を振り返って統合的・発展的に考察したりする活動
・数学的な表現を用いて事象を簡潔・明瞭・的確に表現する力	ウ　数学的な表現を用いて筋道立てて説明し伝え合う活動

(4) 「学びに向かう力・人間性等」の涵養

19ページの表の中で「学びに向かう力・人間性等」の欄に示されている「数学的に考えることのよさ，数学的な処理のよさ，数学の実用性などを実感し，様々な事象の考察や問題解決に数学を活用する態度」は，現行学習指導要領の教科の目標に示されている「数学のよさを実感し，それらを活用して考えたり判断したりしようとする態度」を「数学のよさ」をより具体的にして示したものと考えることができる。「問題解決などにおいて，粘り強く考え，その過程を振り返り，考察を深めたり評価・改善したりする態度」は，1の(3)で述べた，自己の感情や行動を統制する能力，自らの思考の過程等を客観的に捉える力など，「学びに向かう力・人間性等」のメタ認知に関する側面を，中学校数学科として示したものである。これに対し，「多様な考えを認め，よりよく問題解決する態度」は，人間性等に関する側面を，中学校数学科として示したものである。

(5) 各学校段階間の関係

ここまでは，中学校数学科についての資質・能力を見てきたが，(2)で示した「算数・数学科において育成を目指す資質・能力の整理」の表には，小学校と高等学校の資質・能力についてもまとめられているので，各学校段階間の関係についても概観しておくことにする。重要な視点は「系統的な指導の実現」である。今後，資質・能力の育成について考えていく場合，小学校，中学校，高等学校の間でどのように指導の系統性を形作っていくのかは重要な課題である。「算数・数学科において育成を目指す資質・能力の整理」の表には，同じ資質・能力について「小学校では……まで，中学校では……まで」というように指導の棲み分け等を意図しているのではないかと思われる記述が見られる。例えば，「思考力・判断力・表現力等」の最初の項目は，小学校，中学校，高等学校とも，日常の事象と数学との関係に着目したものであるが，小学校と中学校を比べてみると前半部分の表現は同じ

にして，後半部分が書き分けられている。また，中学校と高等学校を比べてみると，高等学校は「日常」や「数理的」などの表現がなくなり非常に簡潔になっている。こうした表現の違いを活かして各学校段階間をつなぐ系統的・継続的な指導を実現するためにはどのような方策を考える必要があるのか，今後具体的な指導について考える段階で検討する必要がある。

第3節 中学校数学科における「主体的・対話的で深い学び」

1 アクティブ・ラーニングと「主体的・対話的で深い学び」

Q 「主体的・対話的で深い学び」とはどのようなものですか。

(1) アクティブ・ラーニングからの脱却

　中教審答申では，「生きる力」を育むために，「何ができるようになるか」という観点から，学校教育を通じて育成を目指す資質・能力を，前節で取り上げた三つの柱に沿って整理した。そして，それらを育成するために「何を学ぶか」という観点から必要な指導内容等を見直し，その内容を学ぶ子供の具体的な姿を明らかにするため，「どのように学ぶか」という観点から検討していく必要があるとして次ページの図のような「学習指導要領改訂の方向性」をまとめている。

　中教審答申の発表以前から，話題になることの多かったアクティブ・ラーニングは，「どのように学ぶか」に位置付けられているが，学校現場における指導には，少なからぬ誤解もみられた。例えば，アクティブ・ラーニングを従来にない新しい指導方法や授業形態と解釈し，これを追い求める授業がそれである。こうした傾向に，負担感が増したという教師も少なくないのではないだろうか。中教審答申では，こうした点について，小・中学校では，全国学力・学習状況調査の「B問題」が出題されるようになったことが，教師の意識改革や授業改善に大きな影響を与え，多くの実践が重ねられてきていることを

第1章 学習指導要領改訂の背景と基本的な考え方

新しい時代に必要となる資質・能力の育成と，学習評価の充実

- 学びを人生や社会に生かそうとする
  学びに向かう力・人間性等の涵養
- 生きて働く知識・技能の習得
- 未知の状況にも対応できる
  思考力・判断力・表現力等の育成

何ができるようになるか

よりよい学校教育を通じてよりよい社会を創るという目標を共有し，社会と連携・協働しながら，未来の創り手となるために必要な資質・能力を育む「**社会に開かれた教育課程**」の実現

各学校における「**カリキュラム・マネジメント**」の実現

何を学ぶか

新しい時代に必要となる資質・能力を踏まえた教科・科目等の新設や目標・内容の見直し

- 小学校の外国語教育の教科化，高校の新科目「公共」の新設など
- 各教科等で育む資質・能力を明確化し，目標や内容を構造的に示す
- 学習内容の削減は行わない※

※高校教育については，些末な事実的知識の暗記が大学入学者選抜で問われることが課題になっており，そうした点を克服するため，重要用語の整理等を含めた高大接続改革等を進める。

どのように学ぶか

主体的・対話的で深い学び（「アクティブ・ラーニング」）の視点からの学習過程の改善

- 生きて働く知識・技能の習得など，新しい時代に求められる資質・能力を育成
- 知識の量を削減せず，質の高い理解を図るための学習過程の質的改善

主体的な学び
対話的な学び
深い学び

学習指導要領改訂の方向性

認めた上で，アクティブ・ラーニングを重視する流れは，こうした優れた実践を踏まえた成果であるとしている。つまり，小・中学校の教師が，現行学習指導要領において，思考力・判断力・表現力等の育成を意図して続けてきた指導の工夫改善こそ，アクティブ・ラーニングの端緒だったわけである。

では，なぜわざわざアクティブ・ラーニングなどという言葉を持ち出す必要があったのだろうか。中教審答申では，高等学校における教育が小・中学校に比べ知識伝達型の授業にとどまりがちであることや，卒業後の学習や社会生活に必要な力の育成につながっていないこ

となどを厳しく指摘した上で，今後は，特に高等学校において，義務教育までの成果を確実につなぎ，一人一人に育まれた力をさらに発展・向上させることを求めている。つまり，アクティブ・ラーニングの主たるターゲットは高等学校の教師だったわけである。

　しかし，だからといって小・中学校の教師が安心していられるわけではない。「アクティブ」という表現から，子供が活発に活動する表面的な姿を重視し，グループでの話合いや発表などといった活動自体が目的化している授業は，小・中学校でも少なからず見受けられるからである。中教審答申では，こうした誤解を解くため，アクティブ・ラーニングは，子供の「主体的・対話的で深い学び」を実現するために共有すべき授業改善の視点であると位置付けを明確にしている。つまり，アクティブ・ラーニングは方法であり，その目的は「主体的・対話的で深い学び」の実現にある。アクティブ・ラーニングを追い求めるだけの授業からの脱却が必要である。

(2)　「主体的・対話的で深い学び」の位置付け

　では，「主体的・対話的で深い学び」が求められるのはなぜだろうか。中教審答申では，三つの柱に沿って整理した資質・能力を育むためには，学びの過程において，子供が主体的に学ぶことの意味と自分の人生や社会の在り方を結び付けたり，多様な人との対話を通じて考えを広げたりしていくことが重要であるとしている。また，そのためには，単に知識を記憶する学びにとどまらず，身に付けた資質・能力を様々な課題の対応に生かすことができることを実感できるような学びの深まりも重要になるとしている。このような経験を通して学ぶことで，子供は学習内容を自分の人生や社会の在り方と結び付けて深く理解したり，未来を切り拓くために必要な資質・能力を身に付けたり，生涯にわたって能動的に学び続けたりすることができるようになる。そして，さらには，それぞれの子供が興味や関心を基に，自分の個性に応じた学びを実現していくことができるようになる。新学習指

導要領が目指す資質・能力の育成に向けて，こうした学びの質を高めることに着目した授業改善の取組を活性化するために，「主体的・対話的で深い学び」の実現に注目が集まっているのである。

2 中学校数学科における授業改善の活性化

 中学校数学科における「主体的・対話的で深い学び」とはどのようなものですか。

(1) 「主体的な学び」の視点

　中教審答申では，「主体的な学び」「対話的な学び」「深い学び」の三つの視点に分けてこれを説明している。注意しなければならないのは，これら三つの視点は，子供の学びの過程としては一体として実現されるものであり，相互に影響し合うものでもある。必ずしも，教師が三つの場面に分けて指導することを求めるものではないが，学びの本質として重要な側面から捉えたものであり，授業改善の視点としてはそれぞれ固有の視点である。

　算数・数学科における「主体的な学び」については，子供が，問題の解決に向けて見通しをもち，粘り強く取り組み，問題解決の過程を振り返り，よりよく解決したり，新たな問いを見いだしたりすることとされている。問題の解決に向けて見通しをもつことや，問題解決の過程を振り返ってよりよく解決することについては，現行学習指導要領の改訂の方向性を示した中教審答申においても，思考力・判断力・表現力等の育成にとって不可欠な学習活動の例として「課題について，構想を立て実践し，評価・改善する」こととして示されている。例えば，子供が図形の性質の証明に取り組む前に，「どうすれば証明できそうか」を考えて方針を立てたり，できあがった証明を読み直して「より簡潔で分かりやすい証明にすることはできないだろうか」と

考えたりすることなどが考えられる。

　また，新たな問いを見いだしたりすることについては，全国学力・学習状況調査の「B問題」を通じて，子供が解決した問題の条件の一部を変えるなどして発展的に考え，新たに見いだした事柄を数学的に表現し，これを新たな問題として捉え，その解決に取り組むことの重要性が繰り返し指摘されている。例えば，「連続する三つの自然数の和は3の倍数になる」ことを具体的な数を用いて帰納的に予想し，文字式を用いて説明した後で，「自然数」を「偶数」に変えて発展的に考え，「連続する三つの偶数の和は6の倍数になるのではないか」と予想し，新たな問題として位置付けることなどが考えられる。

　粘り強く取り組むことについては，今回の学習指導要領の改訂を通じて教科横断的に求められている事項であり，主体的に学習に取り組む態度とも関連する子供の意思的な側面とされている。また，全国学力・学習状況調査の結果の分析からは，質問紙調査における「算数・数学の問題の解き方が分からないときは，諦めずにいろいろな方法を

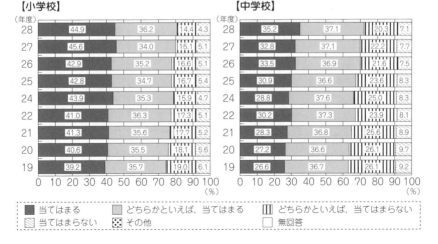

考えますか」という項目は学力との関連が強く，数学に対して粘り強く取り組む子供の方が，全体的に学力が高い傾向にあることが指摘されている。こうした状況から，今後，授業の中で子供の自力解決の時間を今まで以上に長く設定する教師が増えてくるかもしれないが，教師が時間を長く取れば，子供が粘り強く取り組むようになるというような単純なものではない。また，次のようなデータがあることにも注意が必要である。上述した全国学力・学習状況調査の質問紙調査における質問項目「算数・数学の問題の解き方が分からないときは，諦めずにいろいろな方法を考えますか」に対する，小学校6年生と中学校3年生の回答状況は前ページの図のとおりである。肯定的な反応（「当てはまる」と「どちらかといえば，当てはまる」の合計）は小学校で80％，中学校でも70％を超えており，現状においても，諦めずにいろいろな方法で考える子供が必ずしも少ないとはいえない。また，肯定的に回答する子供の割合には，小・中学校ともに調査開始時から増加する傾向が見られる。こうした状況は，各学校における教師の指導の成果であり，今後とも大切にしていく必要がある。

(2) 「対話的な学び」の視点

算数・数学科における「対話的な学び」については，事象を数学的な表現を用いて論理的に説明したり，よりよい考えや事柄の本質について話し合い，よりよい考えに高めたり事柄の本質を明らかにしたりすることとされている。ここでは，対話という目に見える（耳に聞こえる）現象が行われているかどうかよりも，その対話が何のために，何について行われているのかという点が重要な意味をもっている。この点は，これまでも言語活動充実の視点から再三指摘されてきたことである。話合い自体は活発なのに，それを通じて数学の内容について何が明らかになったのかが不明確な授業や，用語や記号，図，表，式，グラフなどの数学的な表現が的確に用いられていない説明が行われている授業などに陥っていないか，指導する教師が改めて十分に注

意する必要がある。

　また，ここでの対話の相手は，必ずしも目の前にいる他者だけではない点にも注意が必要である。例えば，書籍などを読むことを通じて先人の数学に対する思いや深い考察に触れ，自分の考えを深めたり広げたりすることも考えられる。「先人」などというと少々大げさだが，例えば同じ学校の先輩が書いた数学に関するレポートを読んで驚いたり，疑問に思ったりしたことを基に，新たに自分のレポートの作成に取り組むといった学びも対話的な学びである。また，自分自身が書いたり記録したりしたものを見直すことで，自らの成長を実感し，次の学びの原動力とすることも，自分自身との対話的な学びである。例えば，単元の学習の終わりに，子供がそれまでに自分で作成したノートを読み直し，「最初はこんなことも分からなかったのに，今はそれが説明できるようになった」といった振り返りをすることで，学ぶことの意義を再確認する場面を設定することも考えられる。

(3)　「深い学び」の視点

　算数・数学科における「深い学び」については，数学に関わる事象や，日常生活や社会に関わる事象について，数学的な見方・考え方を働かせ，数学的活動を通して，新しい概念を形成したり，よりよい方法を見いだしたりするなど，新たな知識・技能を身に付けてそれらを統合し，思考，態度が変容することとされている。数学的な見方・考え方については次節で，数学的活動については第3章でそれぞれ検討することとし，ここでは算数・数学科における「深い学び」は，数学的な見方・考え方を働かせた数学的活動を通して実現されることを確認しておきたい。重要なことは，子供が身に付けた資質・能力を活用したり，発揮したりしながら物事を捉え，思考することを通じて，資質・能力をさらに伸ばしたり，新たな資質・能力を身に付けたりすることができる学びを，子供の活動任せにするのではなく，教師の指導を通して実現することである。

ところで，このような学びの実現は，現行学習指導要領においても目指すところとされている。「こうしたことなら，すでに自分の指導でも大切にしている」と感じた教師は少なくないのではないだろうか。算数・数学科に限らず，「主体的・対話的で深い学び」はこれまでに全くなかった新たな学びというわけではない。むしろ，「主体的な学び」「対話的な学び」「深い学び」という視点を設定することで，教師の指導をその視点から確認できるようにして指導の改善を図るとともに，その成果として三つの柱に沿って整理した資質・能力を子供が身に付けられるようにすることを意図していることを確認しておきたい。

3 中学校数学科における学びの過程についての考え方

Q 中学校数学科における学びの過程とはどのようなものですか。

(1)　「主体的・対話的で深い学び」の過程の具体化

この節のはじめにも触れたとおり，今回の学習指導要領改訂では，「何ができるようになるか」という観点から，育成を目指す資質・能力を前節で取り上げた三つの柱として整理して，その育成のために「何を学ぶか」という指導内容等を検討している。ここまでは，従来の中学校数学科の学習指導要領の改訂の考え方と大きく異なるものではないが，今回の改訂では，資質・能力の育成のために，子供がその指導内容を「どのように学ぶか」にまで検討を進めている。前項までに述べた「主体的・対話的で深い学び」はその視点を与えるものである。「どのように学ぶか」は学習の過程を重視する。「主体的・対話的で深い学び」を実現するためには，どのような学習の過程を構成すればよいのだろうか。ここでは，中学校数学科における「主体的・対話

的で深い学び」の過程の具体化について検討してみよう。

中教審答申では，第1章の第2節に示した「算数・数学科において育成を目指す資質・能力の整理」の資料の中に，「資質・能力の育成のために重視すべき学習過程の例」の欄を設け，中学校数学科については次のような項目を挙げている。

- 疑問や問いの発生
- 問題の設定
- 問題の理解，解決の計画
- 計画の実行，結果の検討
- 解決過程や結果の振り返り
- 新たな疑問や問い，推測などの発生

これは一つの例として示されたものであるが，算数・数学科では，「事象を数理的に捉え，数学の問題を見いだし，問題を自立的，協働的に解決し，解決過程を振り返って概念を形成したり体系化したりする過程」といった数学的に問題解決する過程を従来から重視しており，中学校数学科においても多くの教師がその実現に向けて問題解決の授業に取り組んできている。

今回の学習指導要領の改訂では，こうした問題解決の過程をより具体的に示すことが試みられている。このことは，「主体的・対話的で深い学び」を意図した授業づくりに取り組もうとする教師にとって，心強いガイドの役割を果たしてくれることが期待できる。しかしその反面，「どのように学ぶか」と表裏の関係にある「どのように教えるか」が固定化され，教師の授業づくりの工夫が失われる危険性も孕んでいる。指導に限らず，何らかの過程について考える場合には，「いろいろなプロセスがあってよい」ことを前提にすることが枢要である。「この方法でなければならない」とした時点で，その過程で行われる活動は多様性を失い活力を喪失する。「主体的・対話的で深い学び」の過程を具体化する目的は，三つの柱として整理した資質・能力

を子供が身に付けられるよう指導の質を高め，授業を改善するためである。同じ目的のためであれば，「主体的・対話的で深い学び」の過程はいろいろあってよいはずである。教師は，このことを前提にしながら，中教審答申や新学習指導要領及びその解説の提示する学びの過程を受けとめる必要があるのではないだろうか。

(2) 算数・数学の問題発見・解決の過程

中教審答申では，「算数・数学の学習過程のイメージ」として下の図を示し，数学的に問題解決する過程には，次の二つのサイクルがあると説明している。

① 日常生活や社会の事象を数理的に捉え，数学的に表現・処理し，問題を解決し，解決過程を振り返り得られた結果の意味を考察するという問題解決の過程

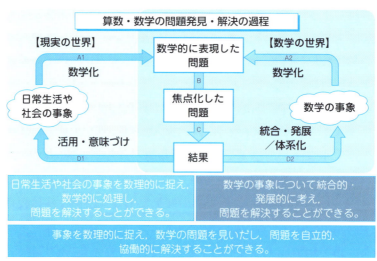

算数・数学の学習過程のイメージ

② 数学の事象について統合的・発展的に捉えて新たな問題を設定し，数学的に処理し，問題を解決し，解決過程を振り返って概念を形成したり体系化したりするという問題解決の過程

そして，この二つのサイクルは相互に関わり合って展開し，その際に各場面で言語活動を充実し，それぞれの過程を振り返り，評価・改善することができるようにすることを求めている。また，これらの過程については，自立的に，時に協働的に行い，それぞれに主体的に取り組めるようにすることが大切であり，これによって資質・能力が育成されるよう指導の改善を図ることが重要であるとしている。

①の問題解決の過程では「日常生活や社会の事象を数理的に捉え，数学的に処理し，問題を解決することができる」ことが求められているが，これは第1章の第2節に示した「算数・数学科において育成を目指す資質・能力の整理」のうち，「思考力・判断力・表現力等」に示された「日常の事象を数理的に捉え，数学を活用して論理的に考察する力」を育成する場面であると考えられる。同様に，②の問題解決の過程では「数学の事象について統合的・発展的に考え，問題を解決することができる」ことが求められているが，これは「既習の内容を基にして，数量や図形などの性質を見いだし，統合的・発展的に考察する力」を育成する場面であると考えられる。また，各場面での言語活動の充実は，「数学的な表現を用いて事象を簡潔・明瞭・的確に表現する力」の育成を意図したものと考えられる。これらの過程が第3章で検討する数学的活動と深く結び付いていることはいうまでもないだろう。今後は，数学的活動を通した指導の過程で，子供がどのような活動に取り組めるようにするのかを，教師が一層明確にする必要がある。また，①と②の双方の問題解決の過程について，あえて「自立的に，時に協働的に行い」としているのは，単に話合いの場面を多くまたは長く設ければよいということではなく，一人で粘り強く考えることも大切にする必要があることを意図したものであると考えられる。

第4節
中学校数学科における「見方・考え方」

1　教科等を学ぶ意義と「見方・考え方」

Q 「見方・考え方」とはどのようなものですか。

　前節までのことからも分かるように，子供は，各教科等の学習において，知識・技能のみならず，思考力・判断力・表現力等や，学びに向かう力・人間性等をそれぞれの教科等の文脈において，関連が深い内容と共に学んでいる。決して思考力・判断力・表現力等や学びに向かう力・人間性等を，各教科等の内容から切り離して学んでいるわけではない。こうした各教科等における学びの過程を通じて，三つの柱が相互に影響し合い，資質・能力がさらに伸ばされたり，新たな資質・能力が育まれたりしていく。中教審答申では，そうした各教科等の指導の過程において，「どのような視点で物事を捉え，どのような考え方で思考していくのか」という物事を捉える視点や考え方も鍛えられ，そこには「教科等それぞれの学習の特質」が表れるとし，こうした各教科等の特質に応じた物事を捉える視点や考え方を「見方・考え方」と位置付けている。したがって，「見方・考え方」は，それぞれの教科等ごとに整理することができるもので，例えば，算数・数学科であれば「事象を数量や図形及びそれらの関係などに着目して捉え，論理的，統合的・発展的に考えること」がそれにあたるとしている。

　この「見方・考え方」が重要なのは，各教科等の学習の中で働くだ

けではなく，子供が大人になり，日常生活や社会で生活していく際にも重要な働きをするものとされている点である。つまり，我々は，各教科等の学びの中で鍛えられた「見方・考え方」を働かせながら，世の中の様々な物事を理解したり思考したりし，よりよい社会や自らの人生を創り出しているとされているのである。このことから，「見方・考え方」は，「各教科等を学ぶ本質的な意義の中核をなすもの」と位置付けられており，「教科等の教育と社会をつなぐもの」と規定されている。別な言い方をすれば，教師に求められているのは，子供が今後の学習や人生において「見方・考え方」を自在に働かせられるようにするための指導なのである。

　こうした「見方・考え方」の概念は，従来の学習指導要領の改訂にはなかったもので，新学習指導要領の特徴をなすものである。前節で検討した「主体的・対話的で深い学び」の説明にも用いられているし，後述する中学校数学科の教科目標にも登場する。算数・数学科に焦点を絞る前に，各教科等でそれぞれの教科等の特性を生かしてその育成が求められている「見方・考え方」の特徴をまとめておこう。中教審答申では，次のような事柄が挙げられている。

① 「見方・考え方」は，資質・能力の三つの柱とは異なる概念であり，各教科等の学習において身に付けた資質・能力の三つの柱に支えられるという関係にある。

② 「見方・考え方」は，子供が物事を理解するために考えたり，具体的な課題について探究したりするに当たっての思考や探究に必要な道具や手段であり，資質・能力の三つの柱を活用・発揮させる過程で鍛えられていくものである。

　第1節でも述べたとおり，新学習指導要領は，現行学習指導要領から「生きる力」を育むという理念を継承しつつ，「生きる力」としてどのような資質・能力を育む必要があるのかを明確にするために三つの柱に沿ってこれを整理した。しかし，①からすると，こうした資

質・能力を育成することが，直接「生きる力」を育むことにつながるわけではなく，各教科等を学ぶ本質的な意義の中核をなす「見方・考え方」の育成を介して，その実現を目指していると考える必要がありそうである。また，②からは，「見方・考え方」は，子供が身に付けた資質・能力の三つの柱を，道具や手段として活用・発揮できるようにした，人としての姿勢や構えを意味すると解釈することができそうである。この点に関連して，中教審答申の前段階として，平成28（2016）年8月に中央教育審議会が発表した「次期学習指導要領に向けたこれまでの審議のまとめ（素案）」では，人は「いわば，頭の中の道具箱にある『見方・考え方』を活用しながら，世の中の様々な物事を理解し思考し，よりよい社会や自らの人生を創り出している」と説明されている点に注目しておきたい。一般に「道具」とは，何かをするための機能を備えた器具の総称である。人は道具を用いるとき，その道具がなぜそのような機能をもっているのかをいちいち考えたり，説明したりはしないのが通例である。「頭の中の道具箱」という表現は，中教審答申では削除されてしまったが，「見方・考え方」にはこうした人にとっての思考の道具としての自然な働きが意図されていると考えることができる。

2 数学的な見方・考え方

Q 現行の「数学的な見方や考え方」と今回の「数学的な見方・考え方」はどう違うのですか。

(1) 「数学的な見方」と「数学的な考え方」

1を前提としながら，算数・数学科における「見方・考え方」に注目してみよう。中教審答申では，算数・数学科における「見方や考え方」の名称を「数学的な見方・考え方」としている。これは，現行の

教育課程における観点別学習状況の評価の観点である「数学的な見方や考え方」とよく似ているが，前述したことからも分かるとおり，概念としては異なるものであり注意が必要である。これについては(2)で確認することにし，ここでは「数学的な見方・考え方」について考えることにする。

中教審答申では，子供が「数学的な見方・考え方」を働かせながら，知識・技能を習得したり，習得した知識・技能を活用して探究したりすることにより，生きて働く知識となり，技能の習熟・熟達にもつながるとともに，より広い領域や複雑な事象を基に思考・判断・表現できる力が育成されるとしている。また，このような学習を通じて，「数学的な見方・考え方」自体がさらに豊かで確かになるという相互作用も考えられるとしている。こうしてみると，「数学的な見方・考え方」は資質・能力の三つの柱のうち，「知識・技能」や「思考力・判断力・表現力等」と強く結び付いているように感じられる。しかし，中教審答申では，子供が社会や世界にどのように関わっていくかという「学びに向かう力・人間性等」についても，「数学的な見方・考え方」が大きく作用しており，「数学的な見方・考え方」は資質・能力の三つの柱である「知識・技能」「思考力・判断力・表現力等」「学びに向かう力・人間性等」の全てに働くものであるとされている。

こうしたことを前提にしながら，中教審答申では「数学的な見方・考え方」を，「数学的な見方」と「数学的な考え方」に分けた上で，下の表のように整理している。「数学的な見方」については，第1章

数学的な見方	事象を数量や図形及びそれらの関係についての概念等に着目してその特徴や本質を捉えること
数学的な考え方	目的に応じて数・式，図，表，グラフ等を活用し，論理的に考え，問題解決の過程を振り返るなどして既習の知識・技能等を関連付けながら統合的・発展的に考えること
数学的な見方・考え方	事象を数量や図形及びそれらの関係などに着目して捉え，論理的，統合的・発展的に考えること

第3節の3で示した「算数・数学の学習過程のイメージ」の図のうち，主に日常生活や社会の事象や数学の事象を数学化し，問題を設定する場面で発揮されるものと考えられる。これに対し「数学的な考え方」は，主に設定した問題を解決する場面で発揮されるものと考えられる。そして，これらを束ねる概念としての「数学的な見方・考え方」は，1でも述べたとおり，どのような視点で物事を捉え，どのような考え方で思考していくのかという物事を捉える視点や考え方と位置付けられている。数学的な問題解決の過程全般で用いられる道具ということになるであろう。新学習指導要領では，「第3　指導計画の作成と内容の取扱い」においても，「数学的な見方・考え方を働かせながら，日常の事象や社会の事象を数理的に捉え，数学の問題を見いだし，問題を自立的，協働的に解決し，学習の過程を振り返り，概念を形成するなどの学習の充実を図ること」が求められている。

　新学習指導要領では，その教科の目標で「数学的な見方・考え方を働かせ」ることは求められているが，その具体的な姿は示されていない。今後は，学習指導要領解説等を基に，例えば「第1学年の『関数』領域における『数学的な見方・考え方』としてはどのようなものが考えられるのか」また「それをどのような場面で，どのように働かせることができるのか」「それを育成するにはどのような指導が考えられるのか」といった点を具体的な指導内容との関係から明らかにしていく必要がある。また，その際，中学校数学科における「数学的な見方・考え方」が，資質・能力の三つの柱である「知識・技能」「思考力・判断力・表現力等」「学びに向かう力・人間性等」とどのような関係になっているのかも確認する必要がある。

(2)　「数学的な見方・考え方」と「数学的な見方や考え方」

　ところで，「数学的な見方・考え方」と資質・能力の三つの柱である「知識・技能」「思考力・判断力・表現力等」「学びに向かう力・人間性等」との関係を考える際には，「数学的な見方・考え方」と「数

学的な見方や考え方」の関係に注意する必要がある。これまでの学習指導要領でも重視されてきた「数学的な見方や考え方」は，現状では観点別学習状況の評価の観点名として用いられていることもあり，多くの教師は三つの柱の構成要素の一つである「思考力・判断力・表現力等」の中学校数学科における名称であると理解しているのではないだろうか。しかし，これまで見てきたように，中教審答申では，「『数学的な見方・考え方』は資質・能力の三つの柱である『知識・技能』，『思考力・判断力・表現力等』，『学びに向かう力・人間性等』の全てに働くものであり，かつ全てを通して育成されるものとして捉えられる」とされており，「数学的な見方・考え方」は「思考力・判断力・表現力等」とは異なる概念として位置付けられているのである。名称は類似しているものの，新しい「数学的な見方・考え方」が，単純にこれまでの「数学的な見方や考え方」と置き換えられないなら，その関係をどのように捉えて指導すればよいのだろうか。教師は，新学習指導要領に基づく指導の前提として，理解を深めておく必要がある。

第2章

中学校数学科の目標の改善

第1節 教科の目標の改善

1 教科の目標の変遷

Q 中学校数学科の目標はどのように改訂されましたか。

　学習指導要領における教科の目標は，その教科の指導全体を通して達成させようとするものであり，子供にとっての学習の目標ではなく，教師にとっての指導の目標である。

　今回の学習指導要領の改訂では，教科の目標の示し方について刷新が図られている。中学校数学科について見ると，現行学習指導要領で一文で示されていたものが，資質・能力の三つの柱に対応し，複数の文で構成されるようになっている。

　そもそも，中学校数学科の教科の目標が一文で示されるようになったのは，昭和52（1977）年に告示された学習指導要領からである。当時の中学校数学科の目標は，次のように示されており，現行学習指導要領に近いスタイルである。

> 　数量，図形などに関する基礎的な概念や原理・法則の理解を深め，数学的な表現や処理の仕方についての能力を高めるとともに，それらを活用する態度を育てる。

　比較のために，その前の学習指導要領である昭和44（1969）年告示

版に示されている中学校数学科の目標を示すと次のとおりである。

> 　事象を数理的にとらえ，論理的に考え，統合的，発展的に考察し，処理する能力と態度を育成する。
> 　このため，
> 1　数量，図形などに関する基礎的な概念や原理・法則の理解を深め，より進んだ数学的な考え方や処理のしかたを生み出す能力と態度を養う。
> 2　数量，図形などに関する基礎的な知識の習得と基礎的な技能の習熟を図り，それらを的確かつ能率的に活用する能力を伸ばす。
> 3　数学的な用語や記号を用いることの意義について理解を深め，それらによって数量，図形などについての性質や関係を簡潔，明確に表現し，思考を進める能力と態度を養う。
> 4　事象の考察に際して，適切な見通しをもち，論理的に思考する能力を伸ばすとともに，目的に応じて結果を検討し，処理する態度を養う。

　二つの学習指導要領の教科の目標の示し方の違いは一目瞭然だろう。教科の目標がこのように大きく変わった理由は何だったのだろうか。

　昭和52（1977）年の学習指導要領改訂では，当時の学校教育の状況に鑑み，子供が，ゆとりのある，しかも充実した学校生活を送れるようにするため，各教科の指導内容を精選するとともに，標準授業時数が削減された。また，学習指導要領に定める各教科等の目標や内容については，中核的事項のみを示すにとどめるとともに，内容の取扱いに示されていた指導上の留意事項や指導方法に関する事項などの記述を大幅に削除したのである。これらは，子供の実態に応じて教師の自

発的な創意工夫を加えた指導が十分展開できるようにすることが目的であった。そして，このような大綱化の流れの一つの表れとして，教科の目標が一文で示されるようになったのである。

　今回の学習指導要領の改訂でこうした大綱化の流れが変化したのは，「生きる力」を育むために，各教科等の指導を通して育成を目指す資質・能力を三つの柱に沿って整理したことを受け，教科の目標においても，その三つの柱を明確に示す必要があるとの判断がなされたためであると考えられる。中教審答申では，算数・数学科において育成を目指す資質・能力について，学校段階ごとに「算数・数学科における教育のイメージ」として次ページの図のように整理している。そして，学校段階ごとの教科目標についても，このような資質・能力の整理に基づいて示すことを求めている。

　表現の形式面だけ見ると，新学習指導要領の教科の目標は，昭和44（1969）年告示版の学習指導要領のそれと類似している。しかし，その意図するところは，教師の創意工夫を活かした指導を実現できるようにしたいという昭和52（1977）年告示版以来の教科の目標に込められた思いに逆行するものではない。むしろ，教科の目標にも資質・能力の三つの柱を明確に位置付けることで，教師が創意工夫を生かした指導の改善を図ろうとする際に役立つ方向性を明確に示そうとしたものであると考えることができる。教師はこうした点を生かし，自らの指導の改善に生かし，新学習指導要領における教科の目標の趣旨の実現に努める必要がある。

2　教科の目標の内容

(1)　数学的な見方・考え方と数学的活動

　新学習指導要領における中学校数学科の目標は次のとおりである。

算数・数学科における教育のイメージ

【高等学校】
◎ 数学的な見方・考え方を働かせ，本質を明らかにするなどの数学的活動を通して，数学的に考える資質・能力を次のとおり育成することを目指す。
① 数学における基本的な概念や原理・法則などを体系的に理解するとともに，事象を数学化したり，数学的に解釈したり表現・処理したりする技能を身に付ける。
② 事象を数学を活用して論理的に考察する力，思考の過程を振り返って本質を明らかにし統合的・発展的に考察する力や，数学的な表現を用いて事象を簡潔・明瞭・的確に表現する力を養う。
③ 数学のよさを認識し，数学を活用して粘り強く考え，数学的論拠に基づき判断したり，問題解決の過程を振り返って評価・改善したりする態度を養う。
・学習内容を生活と関連付けたり，生徒の疑問を取り上げたりするなど生徒の数学学習に対する関心や意欲を高める活動を充実する。
・学習の過程を振り返り，本質を明らかにしたり学習内容を整理し直したりして，自ら見いだした問題を解決する活動を充実する。

【中学校】
◎ 数学的な見方・考え方を働かせ，数学的活動を通して，数学的に考える資質・能力を次のとおり育成することを目指す。
① 数量や図形などに関する基礎的な概念や原理・法則などを理解するとともに，事象を数学化したり，数学的に解釈したり表現・処理したりする技能を身に付ける。
② 事象を数学を活用して論理的に考察する力，数量や図形などの性質を見いだし統合的・発展的に考察する力や，数学的な表現を用いて事象を簡潔・明瞭・的確に表現する力を養う。
③ 数学のよさを実感し，数学を活用して粘り強く考え，生活や学習に生かしたり，問題解決の過程を振り返って評価・改善したりする態度を養う。
・問題解決に必要な情報を生徒自らが集めたり選択したり，帰納的に考えることなどから自らきまりを見付けたり，見いだしたきまりを既習の内容を生かして演繹的に説明したりする活動を充実する。
・既習の内容を振り返って関連を図ったり，新たに学んだ内容を用いると，どのようなことができるようになったのかなどについて明らかにしたりする活動を充実する。

【小学校】
◎ 数学的な見方・考え方を働かせ，算数の学習を生活や学習に活用するなどの数学的活動を通して，数学的に考える資質・能力を次のとおり育成することを目指す。
① 数量や図形などについての基礎的・基本的な概念や性質などを理解するとともに，日常の事象を数理的に表現・処理する技能を身に付ける。
② 日常の事象を数理的にとらえ見通しをもち筋道を立てて考察する力，基礎的・基本的な数量や図形の性質などを見いだし統合的・発展的に考察する力や，数学的な表現を用いて事象を簡潔・明瞭・的確に表したり柔軟に表したりする力を養う。
③ 数学のよさに気付き，算数の学習を生活や学習に活用したり，学習を振り返ってよりよく問題解決したりする態度を養う。
・事象を数理的に考察したり，自分の考えを数学的に表現し処理したりする活動を充実する。
・具体物，図，数，式，表，グラフ相互の関連を図り，問題解決する活動を充実する。
・友達の考えから学び合ったり，学習の過程と成果を振り返り，よりよく問題解決できたことを実感したりする活動を充実する。

【幼児教育】（※幼児期の終わりまでに育ってほしい姿のうち，特に関係のあるもの記述）
・身近な事象に積極的に関わり，物の性質や仕組み等を感じ取ったり気付いたりする中で，思い巡らし予想したり，工夫したりなど多様な関わりを楽しむようになるとともに，友達などの様々な考えに触れる中で，自ら判断しようとしたり考え直したりなどして，新しい考えを生み出す喜びを味わいながら，自分の考えをよりよいものにするようになる。
・遊びや生活の中で，数量などに親しむ体験を重ねたり，標識や文字の役割に気付いたりし，必要感からこれらを活用することを通して，数量・図形，文字等への関心・感覚が一層高まるようになる。

> 　数学的な見方・考え方を働かせ，数学的活動を通して，数学的に考える資質・能力を次のとおり育成することを目指す。
> (1) 　数量や図形などについての基礎的な概念や原理・法則などを理解するとともに，事象を数学化したり，数学的に解釈したり，数学的に表現・処理したりする技能を身に付けるようにする。
> (2) 　数学を活用して事象を論理的に考察する力，数量や図形などの性質を見いだし統合的・発展的に考察する力，数学的な表現を用いて事象を簡潔・明瞭・的確に表現する力を養う。
> (3) 　数学的活動の楽しさや数学のよさを実感して粘り強く考え，数学を生活や学習に生かそうとする態度，問題解決の過程を振り返って評価・改善しようとする態度を養う。

　ここでは，中学校数学科の目標を構成する上記(1)から(3)の各目標について見ていくことにするが，その前提として，各目標が，いずれも数学的な見方・考え方を働かせ，数学的活動を通して実現される必要があるとされている点を確認しておこう。前ページの図からも分かるとおり，このことは小・中・高等学校に共通した事項である。ちなみに，今回の学習指導要領の改訂で，小学校算数科においては従来の「算数的活動」の名称が，中・高等学校と同じ「数学的活動」に改められている。

　現行学習指導要領においても，教科の目標の実現は数学的活動を通して図られることとされているので，この点については実質的な変更はない。数学的な見方・考え方を働かせることについては新たな内容である。これについては，第1章第4節でも触れたとおりである。教師は，まず，それぞれの指導場面において働かせるべき数学的な見方・考え方とは何なのか，またそれが目標の(1)から(3)に示された資質・能力の三つの柱とどのように関連しているのかを明らかにする必

要がある。また「数学的な見方・考え方を働かせ」という表現から，子供の中に数学的な見方・考え方がすでに完成した状態で準備されていることを前提にして指導するような印象も受けるが，数学的な見方・考え方は，思考や探究に必要な道具として資質・能力の三つの柱を活用・発揮させる過程で鍛えられていくものであり，相互に影響し合いながら質を高めていくものであると考えるべきである。

(2) 知識・技能

　資質・能力の三つの柱のうち，「知識・技能」に対応する(1)の目標は，「数量や図形などについての基礎的な概念や原理・法則などを理解する」ことや「数学的に表現・処理したりする技能」などで，現行学習指導要領の目標と共通している。その一方，「事象を数学化したり，数学的に解釈したり」する技能が新たに加えられている。「日常的な事象等を数学化すること」と「数学的に解釈することや表現すること」は，全国学力・学習状況調査の「活用」の問題作成の枠組みにおいて，子供が身に付けるべき力をまとめた「数学的なプロセス」の要素として従来からその重要性が指摘されている。今後は，教師がその指導において，問題を発見し解決する過程に，問題を設定する場面や問題を解決する過程を振り返って得られた結果を意味付ける場面などを適切に位置付け，その一層の充実を図ることが必要である。

(3) 思考力・判断力・表現力等

　「思考力・判断力・表現力等」に対応する(2)の目標では，現行学習指導要領の教科の目標で「事象を数理的に考察し表現する能力」とされていた部分を，「数学を活用して事象を論理的に考察する力」「数量や図形などの性質を見いだし統合的・発展的に考察する力」「数学的な表現を用いて事象を簡潔・明瞭・的確に表現する力」の三つの能力に改めている。このうち，「数学を活用して事象を論理的に考察する力」については，1で示した「算数・数学科における教育のイメージ」の中で，「問題解決に必要な情報を生徒自らが集めたり選択した

り，帰納的に考えることなどから自らきまりを見付けたり，見いだしたきまりを既習の内容を生かして演繹的に説明したりする活動を充実する」ことが求められている点に留意する必要がある。また，「統合的・発展的に考察する力」については，新たに取り上げられた能力のように思えるが，実際には1に示した，昭和44（1969）年告示版学習指導要領の中学校数学科の教科目標にも示されていたものである。発展的に考察することは，ものごとを固定的なもの，確定的なものとは捉えず，絶えず新たなものを見いだし続けようとすることである。例えば，第1学年における「正の数と負の数」の指導は，身のまわりの事象などを基に新たな数を見いだして考察の対象とし，これまでに学んだ数との関係を基に学習を深めるという意味で発展的に考察することについて指導する場面とみることができる。また，数を負の数まで拡張することに対応して，数を操作する四則計算の意味も拡張して考えることができるようにすることが必要になる。この場合，小学校算数科以来の計算のルールを一旦リセットし，新たな計算方法を定義し直すのではなく，これらを前提としつつ，中学校数学科において新しく生み出したものを包括的に扱えるように意味を規定したり，処理の仕方を整理したりできるようにする。こうした場面は統合的に考察することについて指導する場面とみることができる。

　数学科の指導では，子供が学習の対象の創造的な発展を図るとともに，一面では，創造したものをより高い，あるいは，より広い観点から統合して見られるようにすることが必要であり，これらは時代が変わっても普遍的な目標である。

(4) 学びに向かう力・人間性等

　「学びに向かう力・人間性等」に対応する(3)の目標のうち，「数学的活動の楽しさや数学のよさを実感」できるようにすることについては，現行学習指導要領の目標と共通している。数学的活動の楽しさは，「考えることの楽しさ」であり，子供が考えることを通して自ら

の成長を自覚することで得られる楽しさであることを再確認しておきたい。また,「数学のよさ」について,現行学習指導要領解説では,次のような「よさ」を例示している。

- 「数量の関係を方程式で表すことができれば,形式的に変形して解を求めることができる」といった数学的な表現や処理のよさ
- 数量や図形などに関する基礎的な概念や原理・法則のよさ
- 数学的な見方や考え方のよさ
- 数学が生活に役立つこと,数学が科学技術を支え相互にかかわって発展してきていることなどにかかわる知識

「粘り強く考え」ることについては,第1章第2節でも見たように,自己の感情や行動を統制する能力というメタ認知に関する側面から,今回の学習指導要領の改訂で教科横断的に重視されており,算数・数学科においても,子供が問題の解決に向けて見通しをもち,粘り強く取り組むこととして,「主体的な学び」の重要な要因に位置付けられている。

なお,中学校数学科の目標では,第1章第2節の2に示した「算数・数学科において育成を目指す資質・能力の整理」の表の中で,「学びに向かう力・人間性等」に挙げられている「多様な考えを認め,よりよく問題解決する態度」のような人間性等に関わる事柄が明確には示されていないが,こうした事柄が中学校数学科における指導を通した「学びに向かう力・人間性等」の涵養に重要であることはいうまでもないことである。

第2節 各学年の目標の改善

1 各学年の目標の構成

 各学年の目標はどのように設定されていますか。

　前節で考察した中学校数学科の目標は，指導を担当する教師が，数学の指導全体を通して達成させようとするものである。今回の学習指導要領の改訂では，育成を目指す資質・能力の三つの柱を視点として，その構成が見直された。しかし，その内容は，中学校3年間の子供の学習を見通すことで，極めて一般的かつ包括的にまとめられている。この目標を教師の指導を通して達成できるようにするためには，さらに具体的な目標が必要となる。これを数学の内容の系統性と子供の発達の段階に応じて，学年ごとに明らかにしたものが各学年の目標である。したがって，今回の改訂では，教科の目標における変更点を受けて，各学年の目標もその構成が見直されている。

　現行学習指導要領では，各学年の目標は(1)から(4)の四つの目標で構成され，それぞれ中学校数学科の内容を構成する「数と式」「図形」「関数」「資料の活用」の各領域と対応付けられている。これに対し，新学習指導要領では，各学年の目標は(1)から(3)の三つの目標で構成され，教科の目標と同じように資質・能力の三つの柱を構成する「知識・技能」「思考力・判断力・表現力等」「学びに向かう力・人間性等」とそれぞれ対応付けられている。

各学年の目標は，数学科の目標を実現するために設定され，各学年の目標を達成するために各学年の内容が位置付けられている。したがって，各学年の目標では，それぞれの学年で指導すべき主な内容について，その学年としての指導の重点的なねらいが示されている。この際，注意しなければならないのは，各学年の目標を，それぞれの学年における指導だけで捉えるべきではないという点である。むしろ，中学校３年間の指導を通じて漸次達成していく目標として把握し，たとえ次の学年の目標にその内容が明記されていなくとも，指導の継続性にも留意し，実現を目指す必要がある。

2　各学年の目標の内容

(1)　知識・技能

　中学校数学科の各学年の目標のうち，「知識・技能」に対応する目標をまとめると，下の表のとおりである。どの学年についても，構成は基本的に同じであり，前半に知識に関する事柄，後半に技能に関する事柄がまとめられている。

　知識については，それぞれの学年で指導する内容についての基礎的な概念や原理・法則などを理解することが述べられている。なお，現

第１学年	第２学年	第３学年
正の数と負の数，文字を用いた式と一元一次方程式，平面図形と空間図形，比例と反比例，データの分布と確率などについての基礎的な概念や原理・法則などを理解するとともに，事象を数理的に捉えたり，数学的に解釈したり，数学的に表現・処理したりする技能を身に付けるようにする。	文字を用いた式と連立二元一次方程式，平面図形と数学的な推論，一次関数，データの分布と確率などについての基礎的な概念や原理・法則などを理解するとともに，事象を数学化したり，数学的に解釈したり，数学的に表現・処理したりする技能を身に付けるようにする。	数の平方根，多項式と二次方程式，図形の相似，円周角と中心角の関係，三平方の定理，関数 $y = ax^2$，標本調査などについての基礎的な概念や原理・法則などを理解するとともに，事象を数学化したり，数学的に解釈したり，数学的に表現・処理したりする技能を身に付けるようにする。

行学習指導要領では第2学年のみで指導されていた確率についての内容が，新学習指導要領では，第1学年と第2学年で，また，現行学習指導要領では第1学年と第3学年で指導されていた統計についての内容が，新学習指導要領では全学年で，それぞれ指導されることも分かる。これについては，第3章で詳しく考察することにする。

　技能については，個々の指導内容に対応させるのではなく，それぞれの学年における全ての内容の指導を通じて子供が身に付けることができるようにする技能が示されている。示し方としては，第2学年と第3学年の記述を同一にし，第1学年とは差別化が図られている点に特徴がある。第2学年と第3学年の技能を同じにしているのは，前述したとおり，ある程度時間をかけた指導を前提に漸次達成していく目標としての位置付けを意図したものと考えられる。なお，第1学年との違いは，第2学年と第3学年で「事象を数学化する技能」となっている部分が，第1学年では「事象を数理的に捉える技能」となっている点である。これらがどのように異なる技能を意図しているのかは，各学年の指導内容と関連付けて検討する必要がある。

(2)　思考力・判断力・表現力等

　各学年の目標のうち，「思考力・判断力・表現力等」に対応する目標をまとめると，次ページの表のとおりである。「知識・技能」に対応する目標とは異なり，全てにおいて各学年で指導する内容と関連付けた能力として示されている。その示し方には，指導内容ごとに特徴があり，例えば「数と式」領域の指導では，3学年を通じて「文字を用いて数量の関係や法則などを考察する力」を養うこととして統一されている。これに対して，「関数」領域については，第1学年で「数量の変化や対応に着目して関数関係を見いだし，その特徴を表，式，グラフなどで考察する力」を養うこととされているのに対し，第2学年と第3学年では「関数関係に着目し，その特徴を表，式，グラフを相互に関連付けて考察する力」を養うことが求められている。また，

第1学年	第2学年	第3学年
数の範囲を拡張し，数の性質や計算について考察したり，文字を用いて数量の関係や法則などを考察したりする力，図形の構成要素や構成の仕方に着目し，図形の性質や関係を直観的に捉え論理的に考察する力，数量の変化や対応に着目して関数関係を見いだし，その特徴を表，式，グラフなどで考察する力，データの分布に着目し，その傾向を読み取り批判的に考察して判断したり，不確定な事象の起こりやすさについて考察したりする力を養う。	文字を用いて数量の関係や法則などを考察する力，数学的な推論の過程に着目し，図形の性質や関係を論理的に考察し表現する力，関数関係に着目し，その特徴を表，式，グラフを相互に関連付けて考察する力，複数の集団のデータの分布に着目し，その傾向を比較して読み取り批判的に考察して判断したり，不確定な事象の起こりやすさについて考察したりする力を養う。	数の範囲に着目し，数の性質や計算について考察したり，文字を用いて数量の関係や法則などを考察したりする力，図形の構成要素の関係に着目し，図形の性質や計量について論理的に考察し表現する力，関数関係に着目し，その特徴を表，式，グラフを相互に関連付けて考察する力，標本と母集団の関係に着目し，母集団の傾向を推定し判断したり，調査の方法や結果を批判的に考察したりする力を養う。

　「データの活用」の領域では，3学年を通じて「批判的に考察する力」または「批判的に考察し判断する力」が新たに盛り込まれた。知識や技能に比べると，思考力・判断力・表現力等の育成には，1授業時間にとどまらず，単元単位や学期単位，年度単位さらには複数年度にまたがる程度までの長期的な見通しをもった指導が必要であり，こうした点は現行学習指導要領における指導から変わらない。指導内容の特性や系統性に配慮しつつ，学年進行に伴って目標がどのように変化しているのか，または変化していないのかを確認し，指導にどのように反映させるのかを現在の指導を踏まえ見直す必要がある。

(3) 学びに向かう力・人間性等

　各学年の目標のうち，「学びに向かう力・人間性等」に対応する目標をまとめると，次ページの表のとおりである。目標の性質上，個々の指導内容とは切り離した上で，第2学年と第3学年では内容を同じにするなど，3学年を通した指導で，比較的長い時間をかけて，子供が身に付けられるようにすることを意図してまとめられている。キー

第1学年	第2学年	第3学年
数学的活動の楽しさや数学のよさに気付いて粘り強く考え，数学を生活や学習に生かそうとする態度，問題解決の過程を振り返って検討しようとする態度，多面的に捉え考えようとする態度を養う。	数学的活動の楽しさや数学のよさを実感して粘り強く考え，数学を生活や学習に生かそうとする態度，問題解決の過程を振り返って評価・改善しようとする態度，多様な考えを認め，よりよく問題解決しようとする態度を養う。	数学的活動の楽しさや数学のよさを実感して粘り強く考え，数学を生活や学習に生かそうとする態度，問題解決の過程を振り返って評価・改善しようとする態度，多様な考えを認め，よりよく問題解決しようとする態度を養う。

ワードとしてまとめると，「数学的活動の楽しさや数学のよさ」「数学を生かそうとする態度」など，現行学習指導要領でも大切にされている内容の他，「粘り強く考えること」「振り返って評価・改善しようとする態度」「多面的に捉え考えようとする態度」「多様な考えを認め，よりよく問題解決しようとする態度」などが盛り込まれている。具体的に，どのような内容のどのような指導場面で育むことができるのか，単元の指導計画や年間指導計画を作成する際などに検討を深めることが必要である。

第3章

各学年の内容

第1節 内容の構成及び各領域の概観

1 中学校数学科の内容の骨子

Q 中学校数学科の内容はどのような構成になっていますか。

　新学習指導要領の内容の構成を考える前提として，現行学習指導要領の内容の構成を確認しておこう。現行学習指導要領では，前学習指導要領から，その内容に「〔数学的活動〕」の項を新たに加えることで，数学的活動の一層の充実を図るとともに，内容の骨子を次の(1)から(7)にまとめている。

(1)　数の概念及びその範囲の拡張
(2)　ユークリッド空間
(3)　関数
(4)　不確定な事象
(5)　文字を用いた式
(6)　数学的な推論
(7)　説明し伝え合うこと

　これらの多くは，資質・能力の三つの柱における「何を学ぶのか」の中核を構成するものであり，このうち(1)から(3)は，確定した事象を数学的に把握する主として数学の世界に関する項目，(4)は，不確定な事象を数学的に把握する主として現実の世界に関する項目，また，(5)から(7)は，(1)から(4)の項目の学習を支える項目と位置付けられている。

今回の学習指導要領の改訂においては，現行学習指導要領から内容の削減を行わないことが早い段階から明言されており，その骨子については現行学習指導要領から大きな変更はないが，新たに，「数学的に表現すること」が加えられ，これに対応して「説明し伝え合うこと」を「数学的に説明し伝え合うこと」と改めている。「数学的に表現すること」については，その技能的な側面だけでなく，これによって，一層合理的，論理的に考えを進めることができるようになったり，より簡潔で，的確な表現に質的に高めることができたり，新たな事柄に気付いたりすることが可能になるなど，数学的な表現のもつ働きについても実感を伴って理解できるようにすることを大切にしたい。

　また，(4)については一層の充実が図られている点にも特徴がある。現行学習指導要領では，それまで確率だけであった(4)に，統計についての内容が加えられた。またこの際，かつて中学校数学科において統計についての内容が指導されていたころに「資料の整理」と呼ばれることが多かった点が見直された。つまり，その指導が資料を整理できるようにすること自体を目的とするものではなく，整理した結果を基に資料の傾向を読み取る能力を育成することを目指す点を明確にする必要があるとされたのである。こうした見直しを反映させるため，確率についての内容を含め，「資料の活用」の名称で領域として独立させた。そもそも統計についての内容が中学校数学科に位置付けられたのは，子供が生きていくこれからの社会においては，不確定な事象に関する様々な情報に直面した際に，その情報の特徴を的確に捉え，適切に対応することが一層必要になるとの判断からであった。こうした現行学習指導要領における「資料の活用」領域の位置付けは，今後の数学教育の方向性を考える上で一種の試金石であったといえる。そして，その全面実施後の評価は高く，今回の中教審答申においても，教育内容の見直しの視点から，社会生活などの様々な場面において，必

要なデータを収集して分析し，その傾向を踏まえて課題を解決したり意思決定をしたりすることの重要性が改めて指摘されている。また，その一層の充実を図るため，算数・数学科においては，高等学校情報科等との関連も図りつつ，小・中・高等学校教育を通じて統計的な内容等の改善について検討していくことが必要であるとされている。こうした状況を受けて，中学校数学科においては，領域の名称を「データの活用」と改めた上で，現行学習指導要領で第1学年と第3学年で指導していた統計についての内容を3学年の全てで指導することとし，確率についても，現行学習指導要領で第2学年だけで指導していたものを，第1学年と第2学年で指導するよう改めている。

2 中学校数学科の各領域の概観

(1) 内容の示し方

今回の学習指導要領の改訂における中学校数学科の領域構成については，(2)で触れる領域の名称変更以外，現行学習指導要領の4領域構成から変更はない。各領域の指導内容については学年間の移動など一部変更等があるが，これについては第2節以降で詳しく検討することにする。

これに対し，各領域における事項の示し方には大幅な変更が加えられた。現行学習指導要領では，各領域を構成する単元レベルのまとまりごとに「(1)，(2)，…」の事項を設け，「…ができるようにする」などの表現で総括的な内容を示した上で，これを受ける形で「ア，イ，…」の事項を設け，「…すること」として具体的な指導内容を示している。これに対し，新学習指導要領では，各領域を構成する単元レベルのまとまりごとに「(1)，(2)，…」の事項を設け，「…ができるよう指導する」としている点では現行学習指導要領と大きくは変わらないが，これを受けて各領域で「ア　次のような知識及び技能を身に付け

ること」と「イ　次のような思考力，判断力，表現力等を身に付けること」の二つの事項を共通して置き，そのそれぞれに「(ア)，(イ)，…」の事項を設け，「…すること」として具体的な指導内容を示している。こうした内容の示し方の変更は，教科の目標及び各学年の目標において，現行学習指導要領からその構成を改め，資質・能力の三つの柱である「知識・技能」，「思考力・判断力・表現力等」，「学びに向かう力・人間性等」を明確に位置付けたことを反映させたものと考えられる。

　このうち，「イ　次のような思考力，判断力，表現力等を身に付けること」には，現行学習指導要領からの変更点が多いので注意が必要である。例えば，第2学年「A　数と式」(2)では，「ア　次のような知識及び技能を身に付けること」の一つの事項として，「簡単な連立二元一次方程式を解くこと」が示されている点で現行学習指導要領から変更はないが，「イ　次のような思考力，判断力，表現力等を身に付けること」に，これまでになかった事項として「一元一次方程式と関連付けて，連立二元一次方程式を解く方法を考察し表現すること」が設定されている。この事項は，「一元一次方程式と関連付けて」指導するという指導方法について言及するものであるとともに，技能として連立二元一次方程式を解くことができるようにするだけではなく，「連立二元一次方程式を解く方法を考察し表現する」ことができるようにすることを，思考力，判断力，表現力等として求めるものである。「考察し表現する」とは具体的にどのようなことを意図するのか，またそのためにはどのような指導が必要であるのかを含め検討する必要がある。

　なお，三つの柱のうち「学びに向かう力・人間性等」に対応する事項が設定されていないのは，各学年の指導全体を通して，学年目標の(3)に示された事柄を実現することを意図したものと思われる。

　また，新学習指導要領では，各領域の「(1)，(2)，…」の事項で，「数学的活動を通して，次の事項を身に付けることができるよう指導する」

ことが繰り返し示されており，教師の指導に対し，数学的活動を通した指導の実現を従来以上に強く求めている点にも注意が必要である。

(2) 領域の名称

4領域の名称については，「数と式」「図形」「関数」で従来どおりであるが，「資料の活用」を「データの活用」に改めている。これは，これまで「資料」という言葉を，「様々な事象から見いだされる確率や統計に関するデータ」の意味で用いてきたが，すでに同様の意味で「データ」という表現が社会において広く使われるようになっていることや，現行学習指導要領における高等学校数学科の「数学Ⅰ」に，データを整理・分析し，傾向を把握するための基礎的な知識や技能を身に付けさせることを意図した内容として「データの分析」が位置付けられていることを反映したものと考えられる。なお，後述するとおり，新学習指導要領では，「データの活用」は小学校算数科における領域の名称にもなっている。

(3) 小学校算数科との関係

今回の学習指導要領の改訂では，小・中・高等学校教育を通じて育成を目指す資質・能力を三つの柱に沿って明確化している。その意味で，中学校数学科における指導の改善について考える上では，小学校算数科との内容構成の関連を明らかにしておくことは重要である。新学習指導要領では，小学校算数科の領域構成が大きく見直されているので，小中接続の観点から，この点について確認しておきたい。

下の表は現行学習指導要領における領域構成を小学校算数科と中学校数学科について比較したものである。小学校算数科と中学校数学科はどちらも4領域と「〔算数的活動〕」及び「〔数学的活動〕」で構成されているが，領域間の接続は必ずしも直接的なものではない。

小学校算数科の内容	中学校数学科の内容
・数と計算	・数と式
・量と測定	・図形
・図形	・関数
・数量関係	・資料の活用
〔算数的活動〕	〔数学的活動〕

60

小学校算数科の内容		中学校数学科の内容
第1,2,3学年	第4,5,6学年	
・数と計算 ・図形 ・測定 ・データの活用 〔数学的活動〕	・数と計算 ・図形 ・変化と関係 ・データの活用 〔数学的活動〕	・数と式 ・図形 ・関数 ・データの活用 〔数学的活動〕

　例えば，中学校数学科の「図形」領域の内容は，小学校算数科の「図形」領域の内容と接続しているが，同じく小学校算数科の「量と測定」領域のうち，長さ，面積，体積など図形の計量に関わる内容ともつながりがある。また，小学校算数科の「数量関係」領域は，中学校数学科の「数と式」「関数」「資料の活用」の各領域につながる内容を含んだ構成になっている。また，小学校算数科では，現状として統計についての内容は領域として独立していない。

　これに対し，新学習指導要領では，小学校算数科の内容は上の表のように改められている。小学校と中学校の領域間の接続が分かりやすくなるように，中学校数学科についても並記しておく。表から，小学校算数科においては，低学年と高学年で領域構成を一部変更していることが分かるが，いずれも4領域と「〔数学的活動〕」で構成されている点に変更はない（従来小学校で用いられてきた「算数的活動」の名称は，中学校，高等学校で用いられてきた「数学的活動」に改められている）。しかし，小学校算数科においても低学年から「データの活用」の領域が設定されるなど，統計についての内容の一層の充実が図られており，小学校高学年で「変化と関係」の領域が設けられたこともあって，中学校数学科との領域間の接続については，従来以上に明確になっていることが分かる。中学校第1学年の指導計画を立案する際などには，こうした小学校算数科における領域構成の変更に留意し，小学校における指導内容の理解を一層深め，子供の学びの接続をよりよくする指導の改善を目指す必要がある。

第2節 第1学年

A 数と式

> **Q** 第1学年の「数と式」はどのように改訂されましたか。

1 正の数と負の数の四則計算の方法を考察し表現すること

(1) 正の数と負の数の四則計算

現行の学習指導要領では,「正の数と負の数の四則計算の意味を理解すること」と記述されているが,この項目は,新学習指導要領では,(1)イ(ア)として,「思考力・判断力・表現力等」へと位置付けられ,文末が「方法を考察し表現すること」という表現に変更された。このことは,単に正の数と負の数の四則計算ができるようになるということだけではなく,計算の方法について考察したり,実際の計算においてそれらを表現したりすることが求められているといえる。

例えば,負の数を用いると,$5-3$ のような減法の計算を,$5+(-3)$ として負の数の加法として表現し計算できるということは,加法と減法の混じった計算を効率的に行うことに役立つし,多項式における項の見方につながる考え方となる。

また,数の範囲を負の数にまで拡張しても,算数科で学習した結合法則,交換法則,分配法則等の計算法則が成り立つことも丁寧に表現

しながら指導したい。例えば，分配法則が成り立つことを，文字式を用いて，$(a+b)×c=a×c+b×c$ のように表現するだけではなく，$98×(-7)$ のような計算を，実際に正の数・負の数を用いて $(100-2)×(-7)=100×(-7)-2×(-7)=-700+14=-686$ と計算して確かめておくことなどは，数の範囲を拡張しても，これまで用いてきた計算規則がそのまま使えることを実感を伴って理解することにつながる活動である。

(2) 数の集合と四則計算の可能性

　正の数と負の数の四則計算と関わって，内容の取扱い(2)には，数の集合と四則計算の可能性を取り扱うこととされている。数の集合と四則計算の可能性の取扱いに関しては，現行学習指導要領からの変更はないが，数の範囲を負の数にまで拡張することによって，結合法則，交換法則，分配法則等の計算法則は維持されつつ，正の数の範囲ではいつでも計算できるとは限らなかった減法の計算が，いつでもできるようになることなど，数の範囲の拡張に伴って，「変わらないこと」「変わること」を意識的に理解できるように心がけたい。

　算数科では，0と自然数を合わせて整数とし，小数や分数を学習することを通して有理数についても学習してきている。しかし，負の数の概念が導入されていないため，代数構造としては減法に関して閉じておらず，加法，乗法，除法についてはいつでも計算できるものの，減法については計算できない場合があった。中学校第1学年で，負の数を導入して拡張することによって，減法の計算がいつでも可能となり，代数構造としては有理数体が完成することになる。また，このことによって，加法と乗法についてのみ閉じている自然数，加法，減法，乗法について閉じている整数という数の集合の性質が明確化されるとともに，有理数は加減乗除について閉じた数の集合であり，この範囲まで数の集合が拡張されてはじめて，四則演算が自由にできるということが理解される。有理数という用語は，第3学年での扱いとな

るが，数の範囲を拡張することによって，四則演算が自由にできるようになるといったことは，本単元の指導において実感を伴って理解できるようにしたい。

2　正の数と負の数を具体的な場面で活用すること

　正の数と負の数については，内容について現行学習指導要領からの変更はないが，身に付けるべき思考力・判断力・表現力等として，(1)イ(イ)に，「正の数と負の数を具体的な場面で活用すること」という記述が見られる。現行の学習指導要領では，正の数と負の数の内容に関する記述の冒頭に，「具体的な場面を通して正の数と負の数について理解し，その四則計算ができるようにするとともに，正の数と負の数を用いて表現し考察することができるようにする。」と示されているが，学習指導要領の内容に関する記述が，「知識及び技能」に関する項目と，「思考力・判断力・表現力等」に関する項目とに分けて書かれることになったため，「具体的な場面で活用すること」は，「思考力・判断力・表現力等」として位置付けられた。

　従来から，正の数と負の数については，形式的な計算技能の習熟に終始することなく，具体的な場面での活用を取り上げることによって，正の数と負の数の意味を理解するとともに，そのよさを実感するよう指導が行われてきた。例えば，一定期間における平均気温を求めるような場合に，仮平均を定め，その気温との差の平均値を求めることによって，効率よく平均気温を求めることができる。このような活動を取り入れることによって，正の数と負の数を用いることのよさが実感され，その必要性が理解できるだろう。

3 具体的な場面と関連付けて，一次式の加法と減法の計算の方法を考察し表現すること

(1) 一次式の加法と減法の計算

　内容が「知識及び技能」と「思考力・判断力・表現力等」に分けて記述されるようになったことから，文字式についても，(2)イ(ア)として，「具体的な場面と関連付けて，一次式の加法と減法の計算を考察し表現すること」という項目が新しく追加された。

　文字式の指導も，正の数・負の数の計算の指導と同様，ともすれば，形式的な計算のきまりや処理の仕方の学習に偏りがちであるが，「文字の混じった乗法では×の記号を省略する」「文字と数の積では，数を文字の前にかく」などの計算のきまりとその運用だけではなく，具体的な場面と関連付けながら，文字式の計算の意味を考察することができるようにしたい。

　例えば，一次式の加法の計算場面で，「Aさんの持っている折り紙をx人に3枚ずつ配ると7枚余り，Bさんの持っている折り紙をx人に5枚ずつ配ると2枚足りません。Aさん，Bさんの折り紙を合わせると何枚の折り紙があるでしょう。」という問題場面を扱ったとすると，計算処理は，$(3x+7)+(5x-2)=8x+5$となり，計算結果に対して，「AさんとBさんの折り紙を合わせると，x人に8枚ずつ配れて5枚余る」という意味付けを行うことができる。単に同類項を足し合わせるということだけではなく，計算処理したときの$8x$や5が何を意味しているのかを考察することを通して，実感を伴って一次式の加法や減法を理解できるように指導したい。

(2) 文字を用いた式の表現

　文字式を扱っていく中で，文字が何を表しているのか，文字を用いることによってどんな便利なことがあるのか，といった視点から，文

字を用いた表現について考察することを大切にしたい。

　文字式を用いることによって，数量の関係や法則などを簡潔，明瞭かつ一般的に表せるというだけではなく，そのことによって対象としている数学的概念の意味が明確化されることがある。このような文字を用いた表現の形式性，抽象性にも着目して文字式の意味や必要性を生徒に伝えられるようにしたい。

　例えば，2桁の自然数が $10x+y$ と表されることを考察することによって位取りの原理を理解することができるし，偶数を $2n$，奇数を $2n+1$ と表すことによって偶数は2で割り切れる数，奇数は2でわって1余る数という定義を確認することができる。また，連続する3つの自然数が n，$n+1$，$n+2$ と表されることを考察することによって，自然数の列は，1ずつ増えていく数の並びであるということが改めて確認できる。このように具体的な場面と関連付けて文字式の表現を考察することは，第2学年における文字を用いた説明の内容にもつながる。

4　等式の性質を基にして，一元一次方程式を解く方法を考察し表現すること

　一元一次方程式の解法に関して，現行の学習指導要領では，「等式の性質を基にして，方程式が解けることを知ること」となっているが，新学習指導要領では，身に付けるべき思考力・判断力・表現力等の(3)イ(ア)として，「等式の性質を基にして，一元一次方程式を解く方法を考察し表現すること」と位置付けられた。

　例えば，全国学力・学習状況調査では，一元一次方程式の解法における移項の操作についての問題が，平成19年度，平成21年度，平成26年度に出題されている。平成26年度は「移項が行われている式変形の箇所を問う問題」で正答率が90.0％であるが，「移項の意味（移項に

際して用いられている等式の性質）を問う問題」が出題された平成19年度，平成21年度は，それぞれ正答率が61.7％，69.1％となっている。つまり，一元一次方程式の解法において「移項」という操作自体はできるが，移項という操作が，等式の性質を用いることによって保障されているということの理解は十分ではないということが示されているのである。

移項に限らず，一元一次方程式を解くという操作は，与えられた方程式に対して，等式の性質を用いて同値変形を繰り返し，最終的に「$x＝○$」という形に変形することを意味している。算数科では，与えられた式に対する処理のプロセスを示すために計算過程を記述していたが，中学校第１学年の一元一次方程式の学習においてはじめて，左辺と右辺が等しいという「関係」の同値性として計算過程が記述されることになるため，これらの式変形の意味の違いに注意しながら指導することが大切である。また，一元一次方程式を変形していく際に，一つ一つの同値変形の根拠として，等式の性質を対応させていくなど，「解を求めるための処理」としてではなく，方程式の解法という操作そのものの意味を考察し表現していくことできるようにしたい。

5　自然数を素数の積として表すこと

現行の学習指導要領では，第３学年の「内容の取扱い」に「自然数を素因数に分解すること」が示されていたが，新学習指導要領では，この内容が第１学年の「内容の取扱い(1)」へと移行された。これまでは，多項式の展開，因数分解と関連させて，自然数の素因数分解を扱っていたが，第１学年へと移行したことによって，正の数，負の数の学習活動と関連させて扱うことが求められることとなる。

第１学年の正の数，負の数の単元では，負の数を導入することによって数の範囲を広げ，減法の計算がいつでもできるようにする。こ

のような数の見方は，演算との関係において数の集合を理解しようとする見方である。一方で小学校の算数科の学習では，自然数を偶数と奇数に分類したり，約数や倍数といった観点から分類したりするなど，数の特定の性質に着目して数の集合を理解しようとする見方を学習してきている。ここではそれらの学習経験を基礎として，1とそれ自身だけを約数としてもつ素数について知り，全ての自然数は，1，素数，及び素数の積で表される数（合成数）とに分類されることを学習する。演算との関係において数の集合を理解する学習だけではなく，様々な観点から数の集合を考察する活動を通して，数の集合に対する豊かな感覚を育成したい。

　自然数を素数の積に表す方法を理解し，処理できるようになるだけではなく，素数の積による表し方が，かける順序を問わなければ一意的であることや，自然数における素数の分布の仕方になどについて探究し考察する活動は，数に対する豊かな感覚を育むとともに，数の集合と四則計算の可能性や第3学年で有理数から実数へ数の集合を拡張することなど，以降の数学学習の素地となるものである。

B　図　形

 第1学年の「図形」の指導では，どのようなことに気を付けたらよいですか。

1　平行移動，対称移動及び回転移動

　「平行移動，対称移動及び回転移動について理解すること」（B(1)ア(イ)）の学習指導に当たっては，小学校での学びを考慮したい。まず，「ずらす」「まわす」「裏返す」といった操作を通した図形の性質の考察についてである。例えば，小学校第5学年において，三角形，平行四辺形，台形などの面積の求め方を，既習の図形の面積の求め方を基に考えたり，説明したりする際に，「ずらす」「まわす」などに着目してきている。次に，小学校第6学年における，一つの図形についての対称性に着目した考察についてである。これらの図形の移動についての素地的な経験を踏まえ，中学校第1学年では，「図形の移動に着目し，図形間の関係として対称性を考察する」（「中学校学習指導要領解説数学編」（以下，本書において「解説」）p.76）ことになる。ここで大切なことは，移動の前後で図形の形や大きさを変えないものとして，平行移動，対称移動及び回転移動をとりあげ，移動前後の二つの図形にみられる関係を見いだしたり，二つの図形のうち一方を他方に重ねる移動の仕方を見いだしたりすることである。

　例えば，平行移動であれば，「ずらす」という素朴な捉えを定式化し，この移動は方向と距離によって決まり，頂点に限らず移動の前後で対応する点を結ぶ線分は平行で長さが等しくなることを見いだす。また，移動の前後で図形の形や大きさを変えないことから対応する角

第3章　各学年の内容

の大きさや辺の長さが等しいことに留まらず，移動の前後で対応する辺は平行であることを見いだす。

　新しい視点で古いものを捉え直すことも大切なことである。図形の移動に着目し図形間の関係として対称性を考察することにより，小学校で学んだ線対称な図形や点対称な図形は，それぞれ，対称移動や点対称移動によって移った図形ともとの図形とを合わせた図形とみることができる。

　深い理解を伴う知識の習得と，思考力，判断力，表現力等の獲得は相補的な関係にあることに留意したい。例えば，「知識や技能なしに，思考や判断，表現等を深めることや，社会や世界と自己との多様な関わり方を見いだしていくことは難しい。一方で，社会や世界との関わりの中で学ぶことへの興味を高めたり，思考や判断，表現等を伴う学習活動を行ったりすることなしに，生徒が新たな知識や技能を得ようとしたり，知識や技能を確かなものとして習得したりしていくことも難しい」（「中学校学習指導要領解

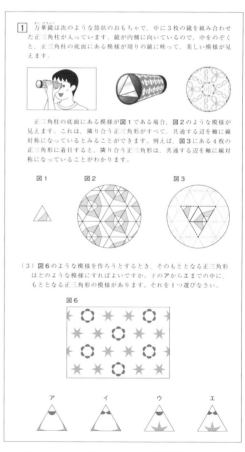

平成29年度全国学力・学習状況調査　中学校数学B①(3)

説　総則編」p.37）ことが指摘されている。それゆえ，移動についての深い知識の習得に際しても，「基本的な作図や図形の移動を具体的な場面で活用すること。」（B(1)イ(ウ)）に関する学習を大切にしたい。

　例えば，平成29年度全国学力・学習状況調査　中学校数学B①では，万華鏡を取り上げ，事象にみられる対称性を的確に捉えることができるかどうかをみている。ある図形を，ある直線を軸として対称の位置に移動させるとどんな模様ができるのかを考察することを通して，対称移動とその用い方についての深い理解を伴う知識を習得するのである。

　図形の移動を具体的な場面で活用する学習においては，図形の移動に着目し，既存の模様等を観察することと新たな模様等をつくりだすことの両面に配慮したい。

2　基本的な作図

　「角の二等分線，線分の垂直二等分線，垂線などの基本的な作図の方法を理解すること」（B(1)ア(ア)）及び「図形の性質に着目し，基本的な作図の方法を考察し表現すること」（B(1)イ(ア)）の学習指導に当たっては，図形の対称性や図形の決定についての小学校での学びを考慮したい。例えば，紙に書かれた∠ＸＯＹの角の二等分線の作図方法を見いだす際，結果の見通しとして，角の二等分線はその角の対称の軸となることを，紙を折って角をつくる2辺ＯＸ，ＯＹを重ねることによって見いだす。また，直線は2点で決まることに基づき，対称の軸は頂点Ｏを通るので残る1点Ｒを定めることへと焦点化し，ＯＲが対称の軸となるような線対称な図形，例えばひし形を用いて点Ｒを定めればよいと，方法の見通しを立てることが考えられる。図形の対称性や直線の決定が，どこでどのような役割を果たしているのかを顕在化したい。

作図方法の理解という観点から、基本的な作図の方法そのものにおいても、どんな図形のどんな性質や関係を、どこでどのように用いているのかを顕在化することが重要である。垂線の作図が図形の対称性を基に行われていることの理解について、平成27年度全国学力・学習状況調査中学校数学A④(1)の結果では、選択肢ア（2.4％）、イ（2.7％）、ウ（15.1％）、エ（19.2％)、オ（正答59.6％）

平成27年度全国学力・学習状況調査　中学校数学A④(1)

となっている。線対称の対称軸の同定、あるいは線対称な図形の性質と点対称な図形の性質の区別などに課題があることが示されている。

　∠XOYの角の二等分線の作図方法を例に、どんな図形のどんな性質や関係を、どこでどのように用いているのかを顕在化してみる。∠XOYの角の二等分線の作図手順を見いだし、次のようにまとめたとする。

①点Oを中心とする円をかき、直線OXと直線OYとの交点を、それぞれP，Qとする。

②2点P，Qをそれぞれ中心として、半径がOPと等しい円をかき、その交点の一つをRとする。

③直線ORをひく。

この作図手順を実行することで、辺の長

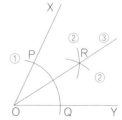

さを等しくしているだけにもかかわらず，自ずと角の大きさが等しくなるという体験を大切にしたい。そのためにも，∠ＸＯＹの大きさを変えても角の二等分線が作図できることを実測等により確かめることは大切である。この作図手順が∠ＸＯＹが180°の場合には適用できないことに，この時点で気付くことができなくてもかまわない。この体験を踏まえて，この作図手順によって角の二等分線を作図することができるのはなぜか，という正当化へと誘(いざな)うのである。上述の手順の正当化でいえば，手順①と②によってひし形ＰＯＱＲを構成し，ひし形はその対角線を対称の軸とする線対称な図形なのでひし形ＰＯＱＲの対角線ＯＲは∠ＰＯＱを二等分し，よって半直線ＯＲは∠ＸＯＹの二等分線になる等，数学的な表現を用いて筋道立てて説明することが考えられる。このように筋道立てて説明することを通して，論理的に考察し表現する力を養うことに資するようにしたい。

　基本的な作図の方法において，どんな図形のどんな性質や関係を，どこでどのように用いているのかを顕在化することは，基本的な作図の方法を統合的に捉えることの礎となる。角の二等分線，線分の垂直二等分線，垂線の作図方法を，対称性に着目し，二つの円がそれぞれの中心どうしを結ぶ直線に対して線対称であることを用いているものと統合することができるのである。こうした認識は，図形の対称性を学ぶ意欲を一層高めたり，より確かな知識として習得したりすることへつながるものであろう。同時に，論理的に表現すべき内容について，必要感を伴って生徒が振り返る契機となるのである。

　作図の対象を生徒が自ら見いだすことも配慮したい。数学的活動にみられる「イ　数学の事象から見通しをもって問題を見いだし解決したり，解決の過程や結果を振り返って統合的・発展的に考察したりする活動」（下線は筆者による）の実現に向けた，中学校第１学年における素地的な体験の充実も，意図的・計画的な学習指導の視野に入れておくのである。例えば，何を二等分するのかという視点で自分たち

が学んだことを整理し，辺や180°の大きさの角を二等分できたが，180°を除く大きさの角の二等分がまだできていないことを明らかにするなどが考えられる。問題を解決するために何をどのようにする必要があるのかについて見通しをもつこととともに，新たな探究を切り拓くために何をどのようにする必要があるのかについて見通しをもつことへの対応も大切にしたい。

3　空間図形とその平面上の表現

　私たちが生活する世界は三次元空間であるものの，コミュニケーションにおいては本やテレビやタブレット画面など二次元の媒体に多くを依存している。それゆえ，「空間図形を平面上に表現して平面上の表現から空間図形の性質を見いだしたりすること」（B(2)イ(ア)の一部）の学習指導に当たって三つの点に留意したい。まず，空間図形の模型（実物）とその平面上の表現との対応である。次に，空間図形を平面上に表現することによって失われる情報など制約や限界を含めた特性である。最後に，見取図や展開図，投影図の特性を念頭に置きながら，目的に応じて適切に選んだり組み合わせたりして議論できるようにすることである。

　見取図や展開図，投影図の特性を具体的な場面に即して顕在化しつつ，一般化を図ることが大切である。一般に，見取図の特性として，もとの空間図形の全体的な様子を捉えやすいこと，線分や角の大きさを正しく表せないことがあることなどが挙げられる。これに対して，展開図の特性として，もとの空間図形を構成する面の形を正しく表すことができること，もとの空間図形の辺や面のつながりを正しく表せないことがあることなどが挙げられる。展開図において留意しておきたいことは，円柱や円錐の展開図において，底面の円周の長さが，それぞれ側面の長方形の一辺の長さや扇形の弧の長さになることは，観

察や思考実験を伴うことで明確になる，ということである。投影図の特性として，複数の視点で空間図形を分析的に観ることができること，線分や角の大きさを正しく表せる部分と表せない部分があることなどが挙げられる。空間図形の平面上の表現についてのこれら特性を踏まえて，我々は表面積を求める際には欠くことのできない媒体として展開図を用いるのである。また，立体模型を制作する際に，投影図や展開図の果たす役割の重要性は言うまでもない。

例えば，立方体ＡＢＣＤ－ＥＦＧＨの見取図における二つの線分（ＡＣとＦＣ）の長さの大小関係を予想し，予想したことがらが成り立つことを説明するとする。まず，配慮したいのは，立方体とその見取図との対応である。二つの線分が立方体の面（表面）にあるということの自覚は，立方体とその見取図との対応抜きには得られない。次に，見取図は線分の長さ

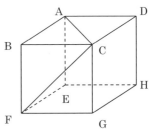

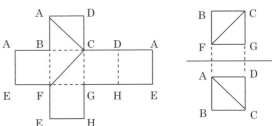

を正しく表せないことがあることを踏まえ，線分の長さを正しく表すことができ，二つの線分がかかれている少なくとも面ＡＢＣＤとＢＦＧＣについて的確な情報を得ることのできる展開図あるいは投影図を用いて二つの線分の長さを判断する。ここでは，どんな目的のために，何をどう用いるのかについて自覚を促すことが重要である。すると，二つの線分の長さは等しいと少なくとも予想することができるであろう。

ここでは，もう一歩踏み込んで，第１学年の目標に述べられている「図形の構成要素や構成の仕方に着目し，図形の性質や関係を直観的に捉え論理的に考察する力」を培う観点から，探究を進めることを期

待したい。具体的には，展開図あるいは投影図を見て二つの線分の長さは等しいと確信することに留まらず，「二つの線分ＡＣとＦＣは，どちらも合同な正方形の対角線なので，長さが等しい」と論理的に考察することができるようにしたい。

「二つの線分ＡＣとＦＣは，どちらも合同な正方形の対角線なので，長さが等しい」との推論は，見取図，展開図や投影図に依らず，立方体の性質を根拠とするものである。だからといって，見取図，展開図や投影図が不要ということではない。面ＡＢＣＤとＢＦＧＣが合同な正方形であることは，見取図においては欠落し，展開図や投影図においては埋め込まれている。立方体は合同な正方形をその面として構成されたものであることを，展開図や投影図を通して我々は再確認するのである。また，展開図や投影図は，二つの線分の長さが等しいことを見いだしたり，そのことを確かめたりするときに役立つものである。大切にしたいことは，空間図形を平面上に表現したり，平面上の表現から空間図形の性質を見いだしたりすることを通して，空間図形の平面上の表現の特性とその用い方についての深い理解を伴う知識を習得するとともに，空間図形の性質や関係を論理的に考察する力を高めることなのである。

【参考文献】
○文部科学省『中学校学習指導要領解説 総則編』（平成29年7月）2017年 2017.12.22. Retrieved from http://www.mext.go.jp/component/a_menu/education/micro_detail/__icsFiles/afieldfile/2017/07/04/1387018_1_2.pdf
○文部科学省『中学校学習指導要領解説 数学編』（平成29年7月）2017年 2017.12.22. Retrieved from http://www.mext.go.jp/component/a_menu/education/micro_detail/__icsFiles/afieldfile/2017/07/25/1387018_4_1.pdf
○文部科学省・国立教育政策研究所『平成27年度 全国学力・学習状況調査 報告書【中学校数学】』2015年
○文部科学省・国立教育政策研究所『平成29年度 全国学力・学習状況調査 報告書【中学校数学】』2017年

C 関数

第1学年の「関数」の指導では，どのようなことに気を付けたらよいですか。

1 小学校算数科の学習内容との関わり

小学校算数科では，伴って変わる二つの数量の関係について，主に次のことを学習している。
・伴って変わる二つの数量の関係を調べたり，変化の様子を折れ線グラフに表し，変化の特徴を読み取ったりすること（第4学年）
・比例，反比例の意味や性質について理解するとともに，伴って変わる二つの数量やそれらの関係に着目し，変化や対応の特徴を見いだして，二つの数量の関係を表や式，グラフを用いて考察すること（第5学年，第6学年）。

中学校数学科の領域「関数」では，このような小学校算数科での学習の上に立ち，数の範囲を負の数まで拡張し，文字を用いた式と関連付けて関数の概念を理解できるようにすることをねらいとしている。特に，小学校算数科の領域「変化と関係」の学習と，中学校数学科の領域「関数」の学習との違いは，大きく次の点が挙げられる。
・数量の関係を「関数」という概念で捉え直すこと
・変域が負の数にまで拡張されること
・グラフを座標平面上にかくこと

また，中学校数学科の学習では，関数を考察する際に，表，式，グラフを相互に関連付けて考察することや，関数を用いて事象を捉え考察することもより一層重視されることになる。

2　他領域との関連

　中学校数学科の領域「関数」は，特に領域「数と式」との関連が強く，「数と式」での学習が前提となる場合が多い。例えば，数量の関係を文字を用いて表すことや文字に数を代入して式の値を求めることは「関数」の学習全般にわたって必要な技能である。一方で，「関数」と「数と式」では文字の用い方や役割に大きな違いがあり，「数と式」の方程式では主として文字は「未知数」として扱われるのに対し，「関数」では主として「変数」として扱われることになる。このような文字の役割の変化や「変数」としての文字の使用に抵抗を覚える生徒は少なくなく，例えば $x>2$ という不等式について，文字 x を未知数として捉えている限りはこの式が範囲（変域）を表すものと捉えることは難しい。このように「関数」の学習では，「数と式」での学習を前提として，さらに「変数」としての文字の役割が強調されることを意識して指導する必要がある。

3　関数関係の意味

　2つの集合X，Yがあり，Xの各要素 x に対して，Yのただ一つの要素 y が決まる対応が与えられたとき，XからYへの関数が定義されたという（平岡，1980）。この記述からも分かるように，関数の本質は「集合」と「対応」である。また，ここでいう「集合」とは，必ずしも数の集合に限られるわけではなく，それゆえこのように関数を定義することによって，いろいろな「対応」を関数とみることができる。しかしながら，中学校数学科では集合の概念を本格的に扱うわけではないので，このような関数の抽象的・汎用的な側面を強調するというよりはむしろ，関数の特徴である「変化」と「対応」に着目し

て，次のような定義を用いることの方が一般的になっている（飯田，2010）。

> 伴って変わる二つの数量 x，y があって，x の値を決めると，それに対応する y の値がただ一つに決まるとき，y は x の関数であるという。

指導に当たっては，伴って変わる二つの数量の中にも，一方を決めれば他方が一つに決まるものもあれば，そうでないものもあるなど，関数とそうでないものとを比較する活動を取り入れることで，関数の本質である「一意対応」の概念を理解できるようにすることが考えられる。また，そのような「一意対応」を考えることのよさに触れることも可能である。例えば，円の周りの長さを求める式は，円周を l，半径を r とすると，$l = 2\pi r$ と表されるが，この式は円周が半径（もしくは直径）によって決まることを表している。さらには，直接測定することの難しい円の周りの長さ（曲線の長さ）を，直接測定しやすい半径や直径（線分の長さ）に置き換え，その二つの数量の関係（円周は半径または直径に比例するという関係）を利用して円周を求めているとみることもできる。このような，一意対応の関係を考えることのよさに触れることで，関数を学ぶ意義を伝えることも考えられる。

4　座標の意味

小学校算数科の領域「変化と関係」で学ぶグラフは基本的に折れ線グラフである。折れ線グラフは，点と点を単に線分で結んでいるに過ぎず，その線分上に対応する値の組が存在することを保証するものではない。一方，中学校数学科の領域「関数」で学ぶグラフは座標を用いたグラフであり，原点Oで直交する2本の数直線によって平面上の点が一意的に表されることを学習する。このことによって，グラフを点の集合として扱うことができるようになる（解説 p.85）。折れ線グ

ラフと座標を用いたグラフとの違いは，特に反比例のグラフなど，曲線のグラフをかく場合に顕在化することになるが，直線のグラフである比例のグラフをかく際にも，点の集まりが直線になることや，点と点の間にはまた別の点を取れること（稠密性）を大切に指導する必要がある。例えば，平成21年度全国学力・学習状況調査数学A⑫（以下，全国調査H21A⑫のように略記する）では，図1のような問題が出題されており，その正答率は36.7％であった。誤答で多かった解答は「ウ」（41.9％）であり，問題自体は二元一次方程式のグラフに関する問題ではあるものの，点の集合としての直線の理解に課題があることが分かる。グラフをかく際に，整数値だけではなく，小数や分数の値を座標とする点をとり，それらが一直線上に並ぶことや，無数の点をとると直線上に点が埋まっていく様子を観察する活動などを取り入れることが考えられる（国立教育政策研究所，2009）。その際，対

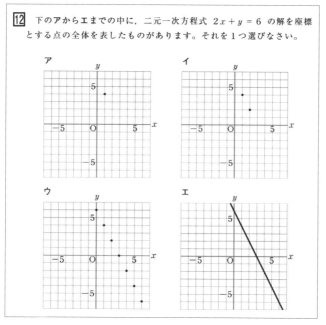

図1　平成21年度全国学力・学習状況調査　中学校数学A⑫

応する x, y の値を電卓を用いて求めたり，コンピュータを用いてグラフを表示させたりするなどの工夫も必要であろう．

5　比例，反比例を表，式，グラフなどに表すこと

伴って変わる二つの数量について，そのいくつかの対応する値の組を順に並べたものが表であり，表は関数関係を調べる最も基本的な表現手段である．

x	…	-5	-4	-3	-2	-1	0	1	2	3	4	5	…
y	…	-10	-8	-6	-4	-2	0	2	4	6	8	10	…

図2　$y=2x$ の表

表の見方には主に二つの見方があり，第1の見方は表を「横に見る見方」である．例えば図2の表では，表を横に見ることによって，xが1だけ増えるとyが2ずつ増えるというきまりや，xが2倍，3倍，…になれば，yも2倍，3倍，…になるというきまりを見いだすことができる．これらはともに，数量の「変化」の様子を表すきまりである．第2の見方は表を「縦に見る見方」で，これは数量の「対応」に着目した見方である．図2の表では，xの値に対応するyの値はつねにxの値の2倍であるというきまりを見いだすことができる．$y=2x$という式表現はその対応のきまりを簡潔に表すものである．このように表は，伴って変わる二つの数量の変化や対応の様子を調べる最も基本的かつ重要な表現であり，グラフをかいたり，式をつくったりするときの基になるものである．一方で，表による表現は離散的であり，関数の連続性を表したり読み取ったりすることができないという欠点もある（國本，1990；飯田，2010）．いずれにしても，それぞれの表現には，それぞれの長所や短所が存在するがゆえに，関数関係を表，式，グラフに表すときは，これらを別々のものとして扱うの

ではなく，これらを相互に関連付け，一体となって理解できるようにしなければならない（解説 p.84）。

6　比例，反比例について理解すること

前述したように，比例と反比例はともに小学校算数科の学習内容でもある。中学校第1学年「比例，反比例」の学習では，小学校での学習を基に，変域や比例定数を負の数にまで拡張し，グラフを座標平面上にかくことによって，比例，反比例の意味やそれらの表，式，グラフの特徴について学ぶ。

このことに関連して，小学校と中学校では比例，反比例の定義が異なることにも留意する必要がある。小学校では，比例，反比例ともに，「一方が2倍，3倍，…になれば，他方も2倍，3倍，…（反比例の場合は，1/2倍，1/3倍，…）になる」という「変化」に基づく定義が一般的である。一方で，中学校での定義は，一方で中学校では，xの定義域を0や負の数を含む範囲にまで拡張するため，「yがxの関数で，その関係が$y = ax$（反比例の場合は，$y = a / x$）という式で表される」という式（「対応」）に基づく定義に変わる。このように，中学校数学科では特に，式の形に着目して関数を調べられるようにすることが求められるが，式についての生徒の理解は決して芳しいものとはいえず，特に，関数関係を式に表すことに困難を覚える生徒は多い。

例えば，中学校第1学年では，図3のような問題に困難を覚える生徒は少なくない。実際，全国調査H26[10](1)の正答率は59.7％であった。その理由として生徒は，関数の二つの見方のうち「変化」の方に目を向けがちであるという傾向を指摘す

> yがxに比例し，
> $x = 2$のとき$y = 6$です。
> yをxの式で表しなさい。

図3　平成26年度全国学力・学習状況調査 中学校数学[10]

ることができる。一方が増えれば他方も増える関係を比例，一方が増えれば他方が減る関係を反比例ととらえている生徒も少なくなく，このような生徒にとって図３の問題は，１組の対応関係（$x=2$のとき$y=6$）しか与えられていないがゆえに，問題の意味すら理解しがたいものにみえるのであろう。

　このように，中学校第１学年「比例，反比例」の指導では，特に，式の形に着目して関数を調べられるようにするために，変化の特徴とともに，対応の特徴を明確に意識できるようにする必要がある。例えば，比例とそうでないものとの比較を通して，「xの定数倍がyになる」という対応関係は比例にしかみられないことを印象付けたり，「xの値に対応するyの値を簡単に求められる」という対応関係の有用性を強調したりすることなどが，その一つの工夫として考えられる。

＊「第３章第２節Ｃ関数」の参考文献は，142～143ページ参照

第3章　各学年の内容

D　データの活用

新設された「データの活用」の内容と指導のポイントについて教えてください。

1　小学校の「データの活用」の内容

　授業づくりをする上で，生徒の既習事項を確認することは大切である。今回の改訂で，小学校の算数に「データの活用」の領域が新設され，中学校数学と系統的なつながりが見えるようになった。

　指導内容は，小1「絵グラフ」，小2「簡単な表やグラフ」，小3「棒グラフ」，小4「二次元表，折れ線グラフ」，小5「円グラフ，帯グラフ」，小6「場合の数，代表値，ドットプロット，度数分布の表，柱状グラフ」であり，代表値・階級が中1から小6に移行している。

　各学年の指導内容を細かくみてみると，充実が図られている。ここでは小6「データの活用（統計）」についてみてみる（表1）。まず，用語・記号では，ドットプロット（図1）の用語が新たに示されてい

表1　小6　データの活用（統計分野）

ア　知識・技能	(ア)　代表値の意味や求め方を理解すること。 (イ)　度数分布を表す表やグラフの特徴及びそれらの用い方を理解すること。 (ウ)　目的に応じてデータを収集したり適切な手法を選択したりするなど，統計的な問題解決の方法を知ること。
イ　思考力・判断力・表現力	(ア)　目的に応じてデータを集めて分類整理し，データの特徴や傾向に着目し，代表値などを用いて問題の結論について判断するとともに，その妥当性について批判的に考察すること。
用語・記号	ドットプロット，平均値，中央値，最頻値，階級

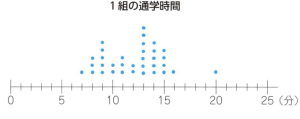
図1　ドットプロットの例

る。これまでも小6の教科書では「データ→ドットプロット→度数分布の表→柱状グラフ」の順に指導していた。このドットプロットは，データの散らばりを視覚的に表現するすぐれた図であり，中2で新たに学ぶ箱ひげ図の指導とつながる。代表値と階級が小6に移行したので，生徒の既習事項に変化が起こることを意識した指導が必要になる。

「ア　知識・技能」では，「(イ)　度数分布を表す表やグラフの特徴及びそれらの用い方を理解すること」が示され，従来の「度数分布を表す表やグラフについて知ること」に終わらずに，度数分布表や柱状グラフ（ヒストグラム）の特徴や用い方まで踏み込んで生徒たちは学習をしてくることになる。また，新たにアの(ウ)で「統計的な問題解決の方法を知ること。」が示され，図2・表2のような統計の問題を解決する方法を知り，その方法で考察していく活動が新たに位置付けられている。

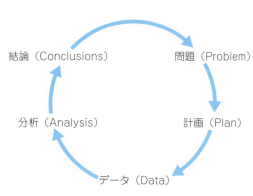
図2　統計的な問題解決のサイクル

表2　統計的問題解決の方法

問題（Problem）	問題を把握して，統計的に解決が可能な課題を設定する。
計画（Plan）	課題を解決するために必要なデータを収集する方法を考える。
データ（Data）	データを収集する。収集したデータの中に無答や無意味な回答がある場合はそれらのデータを除く（データのクリーニング）。
分析（Analysis）	統計グラフを作成したり，範囲や代表値（平均値，中央値，最頻値）等を求めたりした上で，分析する。
結論（Conclusions）	分析した結果から結論を出す。さらなる課題や活動全体の改善点を見いだす。

2　統計分野

(1)　ヒストグラムの必要性と意味の理解

　通学時間などの数値情報として得られる「量的データ」の散らばりについて調べるときには，データを整理する必要がある。小6で度数分布表を学んだことを振り返り，表に整理する際には，データの順に「正の字」で記録すること，ペアで役割を分担することなど誤りがないように各階級の度数を求めることが大切である。データの分布の様子を視覚化するために既習の柱状グラフを学んだことを振り返り，ヒストグラムをかく技能を高める。複数のデータセットの分布の様子を比べるときには小学校で学んだ折れ線グラフを想起させて，度数折れ線が分かりやすいことの理解を深める。なお，ヒストグラムの長方形は密度を表すので，以下の意味の理解を促したい。

- 質的データを視覚化した棒グラフのように縦軸を省略してはいけない（棒グラフとヒストグラムの違いを意識させたい）。
- 階級の幅が変わるときには，密度に意識して長方形の高さを修正する（資料1）。

(2)　相対度数の必要性と意味の理解

　複数のデータセットの総数に違いがあるときは，度数分布表の度数

大学生50人のアルバイトの時給（円）

以上　　未満	度数（人）
800〜1000	12
1000〜1200	15
1200〜1400	13
1400〜1600	6
1600〜2000	4
計	50

横軸の目盛りを等間隔にしたままで、1600円以上2000円未満が4人となるようにヒストグラムを作成する。

資料1　階級の幅が異なるときの度数分布表とヒストグラム

同士を直接比較すると誤った判断をしてしまうことがある。このような場合は、階級ごとに相対度数（階級の度数／度数の合計）を計算して表に整理し直すとそれらの傾向を比べるのに有効であることを理解させたい。したがって、複数のデータセットの分布の違いを考察するには相対度数折れ線を作成することが大切である。なお、相対度数は、全国学力・学習状況調査の結果から用語の意味や計算に課題が見られること、第1学年に移行した統計的確率でも必要であることから、指導の一層の充実が求められる。

(3) 累積度数の必要性と意味の理解

資料3で、「通学時間が15分未満の生徒」の人数を知りたいとき、度数を累積しておくと便利である。さらに、累積相対度数も求めてお

資料3　累積度数と累積相対度数（1組の通学時間）

以上　未満 （分）	度数（人）	累積度数（人）	相対度数	累積相対度数
5〜10	9	9	0.265	0.265
10〜15	19	28	0.559	0.824
15〜20	5	33	0.147	0.971
20〜25	1	34	0.029	1
計	34		1	

くと，「通学時間が15分未満の生徒は約82％である」のように掘り下げた分析をすることもできる。この累積相対度数の考え方は，第2学年で学習する箱ひげ図の指導につながる。

(4) コンピュータ（ICT）を用いた表・グラフの作成

統計データが大量にあるとき，手作業で表やグラフを作成するのは時間がかかるので，表計算ソフトや統計ソフトの活用をしたい。ヒストグラムを作成する統計ソフト（フリーソフト）は以下のようなものがあり，目的に応じて活用したい。

・SimpleHist（宮崎大学・藤井良宜教授開発）
　※1　http://www.cc.miyazaki-u.ac.jp/yfujii/histgram/
・3-histograms（愛知教育大学・飯島康之教授開発）
　※2　http://www.auemath.aichi-edu.ac.jp/teacher/iijima/data_analysis/
・stathist（静岡大学・柗元新一郎教授開発）
　※3　http://www.ipc.shizuoka.ac.jp/~esmatsu/statistical-thinking-software.htm

（URLは平成29（2017）年8月確認）

表計算ソフトや統計ソフトは便利な反面，プロセスがブラックボックスであるため，単元の前半の指導では紙と鉛筆で表や図をかく技能や読みとる力を高めておき，階級の幅を変えたときのヒストグラムの変化を扱う指導や大量のデータを授業で使う場面などでの利用を考えたい。なお，統計ソフト等で作った表や図など適宜ノートやワークシートに貼って，学びの履歴が残るようにすることも重要である。

(5) 問題解決を通して批判的に考察し判断すること

小学校において「統計的な問題解決の方法を知ること」（表1）が既習であることに基づいて，学んだ統計の知識や技能を使って，自分たちが抱えている問題などについて，データを集めて分析したり発表し合ったりする数学的活動に取り組みたい。表2のように，問題を解

決するために統計的に解決が可能な課題設定を行い，計画を立てて（質問紙づくりや既存データの収集方法），データを収集・整理し，ICTを活用して統計グラフを作成したり範囲や代表値（平均値，中央値，最頻値）等を求めたりして分析し，分析した結果から結論を出す，といった一連の活動を行う。

その際，「他者」や「自分」の活動において，例えば，「課題の設定方法は正しいか」「収集する方法はどうか」「集めたデータのうち除いたほうがよいデータはないか」「代表値の選択や計算は正しいか」「導かれた結論に誤りはないか」など，批判的に考察し判断することが大切である。

3　確率分野

(1)　統計的確率の必要性と意味の理解

「統計的確率」は，これまで「数学的確率」とともに第2学年で指導していたが，第1学年の内容になった。ある事柄の起こりやすさについて，何らかの予測や判断を行うために，相対度数（割合）を用いるよさを実感できるようにしたい。数学的確率は扱わないので，ペットボトルの裏・表・横が出る事象など，同様に確からしくない事象を扱うことが中心になる。多数回の試行の結果を相対度数に表して見ると，ある安定した値をとるという「大数の法則」を基にして，事象の起こりやすさの程度を表すのに確率が用いられることを理解する。

(2)　不確定な事象の起こりやすさの傾向を読み取り表現すること

晴れの特異日（ある日のこれまでのデータから晴天の起こりやすさを判断すること）など，相対度数を確率とみなして不確定な事象の起こりやすさの傾向を読み取って判断する。つまり，これまでの過去のデータからこれからを予測・推測する活動になる。例えば，A小学校の近くの販売店がランドセルを取りそろえる場面で（資料4），A小

学校1年生のデータの相対度数を統計的確率とみなし，これを基にして，それぞれの色揃えを検討することができる。このように，統計的確率を用いて予測・推測できることのよさと同時に，その限界にも触れておきたい。

色	男子	女子	合計	相対度数
黒系	70	10	80	0.40
青系	22	16	38	0.19
赤系	0	56	56	0.28
緑系	6	12	18	0.09
その他	2	6	8	0.04
計	100	100	200	1

資料4　A小学校1年生のランドセルの色の傾向

【参考文献】
○文部科学省『小学校学習指導要領解説　算数編』2017年
○松元新一郎『中学校数学科　統計指導を極める』明治図書出版，2013年

第3節 第2学年

A 数と式

Q 第2学年の「数と式」はどのように改訂されましたか。

1 具体的な事象の中の数量の関係を文字を用いた式で表したり，式の意味を読み取ったりすること

現行の学習指導要領では，(1)の冒頭に「具体的な事象の中に数量の関係を見いだし，それを文字を用いて式に表現したり式の意味を読み取ったりする能力を養うとともに，」という表現があるが，新学習指導要領では，内容の記述が「知識・技能」と「思考力・判断力・表現力等」に分けて記述されるようになったことに伴い，この内容は，「知識・技能」として位置付けられることになった。

第1学年の学習でも，身に付けるべき思考力・判断力・表現力等の中に，「具体的な場面と関連付けて一次式の加法と減法の計算の方法を考察し表現すること」という内容があったが，第2学年においても，引き続き「具体的な場面」での考察を行っていくことになる。

例えば，「動物園の入園料は，大人 x 円，子供 y 円です。Aさんの家族は大人2人子供4人，Bさんの家族は大人3人子供2人です。Aさん，Bさんの家族を合わせると，入場料は全部でいくらかかるで

しょう。」という問題を扱ったとすると，文字式の計算は，$(2x+4y)+(3x+2y)=(2x+3x)+(4y+2y)=5x+6y$となる。このとき，$5x$は大人の入場料の合計を，$6y$は子供の入場料の合計を表しているという意味付けをすることができる。このように意味付けを行うことによって，計算過程で同類項をまとめることの意味が明確化され，実感を伴って文字式の計算方法を理解することができる。

2　計算の方法を考察し表現すること

　文字を用いた式の内容そのものについては，現行学習指導要領からの変更はないが，身に付けるべき思考力・判断力・表現力等として，(1)イ(ア)に，「具体的な数の計算やすでに学習した計算の方法と関連付けて，整式の加法と減法及び単項式の乗法と除法の計算の方法を考察し表現すること。」という記述が加えられた。ここでも，第1学年での学習と同様，形式的な式変形や処理に偏ることなく，既習事項を活かしてさらにその内容を深めるような学習活動の展開が求められる。

　整式の計算においては，整式を単項式と多項式という観点から捉える必要がある。単項式の和としての整式の見方については，文字式だけではなく，正の数と負の数の計算においても同様の見方が扱われてきている。例えば，$5-3$という計算を$5+(-3)$として二つの数の和とみる見方は，単項式の和としての整式の見方につながるものである。このような見方を活かしながら，整式を単項式の和として捉え，効率的に計算していくことができるようにしたい。

　また，整式を単項式の和として見ることは，符号と演算子とを明確に区別するということを意味している。例えば，$2x-3y$という整式を見るとき，$2x$と$3y$の間の記号「$-$」は通常$2x$から$3y$を引く減法の演算子として理解される。しかし，これを$2x+(-3y)$とすることによって，$2x$と$(-3y)$の間の「$+$」は演算子，$(-3y)$の「$-$」

は正負を表す符号として区別することができるのである。このような区別は第1学年における正の数，負の数の計算でも扱ってきていることから，これらと関連させながら，整式の構造を理解させたい。

また，第1学年では，$2x+3$のように，文字の種類が1種類のものが中心であったが，第2学年では$2x^2-3yz+6$のように，複数の文字を用いた整式も扱われるようになるため，符号と演算子の区別を踏まえて「何を項と見るか」「同類項はどれか」，「多項式を構成するそれぞれの単項式の次数はいくらか」「多項式としての次数はいくらか」といった判断ができるよう指導したい。

3　文字を用いた式を具体的な場面で活用すること

(1)　文字式の表現，変形，読み

第1学年での学習と同様に，文字を用いた式では，計算処理に偏った指導にならないよう具体的な場面で文字式を活用し，そのよさを実感しながら学ぶことができるようにする必要がある。

文字式を利用して問題を解決するには，①事象を文字式で表す，②文字式を変形する，③変形した文字式を読んで解釈し，新しい発見や洞察を得る，という三つの段階があり，実際の学習場面では，これらの段階を学習過程に意識的に位置付けていくことが重要である。

例えば，カレンダーにおける数の並びについて探究していく中で，斜めに並んだ三つの数の和が3の倍数になるということを発見したとする。この現象を説明するために，真ん中の数をxとおいて斜めに並んだ三つの数の和を文字式で表す（①表す）。次に，その文字式を計算することによって，$3x$という計算結果を得る（②変形する）。この計算結果から，斜めに並んだ三つの数の和が3の倍数であることを読み取ったり（③読む），さらに$3x$という計算結果を見て，単なる3の倍数ではなく，真ん中の数の3倍になっていることに気付き，最初

に発見した命題を「斜めに並んだ三つの数の和は，真ん中の数の3倍になる」という新たな命題として読み替えたりする（③読む）のである。

(2) 文字を用いた説明を構想すること

カレンダーの例のように，文字式利用の三つの段階を具体化できる場面として，「文字を用いた説明」の学習がある。学習指導要領では，「文字を用いた式で数量及び数量の関係を捉え説明できることを理解すること」となっており，領域「図形」のような「証明」としての扱いにはなっていない。しかし，ここで説明の対象となるのは，整数に関して成り立つ命題であり，そこでなされる説明も代数的証明であるため，全称性を踏まえた命題の解釈等も含めて，証明の学習の素地指導として指導したい。

文字を用いた説明の構成では，「命題の前提を文字式で表し，その文字式を計算していくうちに，なんとなく結論を示す式が見えてきて，そこへと変形していく」という流れで進められることが多い。しかし，証明の学習の素地指導として，説明を構成することができるようになるためには，実際に文字式で表して計算していく前に，説明の全体像についての構想を立てておくことが望ましい。

例えば，前述のカレンダーの例でいえば，斜めに並んだ三つの数は，文字を用いてどのように表せるのか，またそれらの和はどのような文字式となるのか，ということと同時に，「3の倍数になる」という結論部分から考えて，計算結果は3×(自然数) という形になるのではないか，といったことを構想した上で，実際の説明の構成に入るようにすることが大切である。

また，文字を用いた説明では，説明の構成だけではなく，説明する命題を発見する場面も大切にしたい。生徒は，自らが発見した数学的現象（命題）に対しては，「それが正しいことを説明したい。」という意識が強く働く。主体的に学習し説明しようとする態度を育むために

は，与えられた数学的命題を扱うのではなく，問題状況から数学的命題を発見するプロセスも丁寧に扱いたい。

4　一元一次方程式と関連付けて，連立二元一次方程式を解く方法を考察し表現すること

内容が「知識・技能」と「思考力・判断力・表現力等」に分けて示されることになったため，連立二元一次方程式に関しては，身に付けるべき思考力・判断力・表現力等として，(2)イ(ア)に，「一元一次方程式と関連付けて，連立二元一次方程式を解く方法を考察し表現すること」という記述が加えられた。

(1)　二元一次方程式の理解

連立二元一次方程式を構成する二元一次方程式は，一元一次方程式と異なり，解が一つに定まらないということが最大の特徴である。つまり，二元一次方程式の解はxとyの組として無数に存在するため，「解集合」としての理解が必要となるのである。

全国学力・学習状況調査では，平成21年度，平成24年度，平成27年度の調査において，二元一次方程式の解を座標とする点の集合についての問題が出題されている。正答率はそれぞれ36.7％，40.6％，38.6％となっており，二元一次方程式の解の意味の理解に課題があることが示されている。この原因の一つは，二元一次方程式の指導において，整数値の組となる解が多く扱われるため，ある一定の関係を満たすxとyの組として無数に存在するというイメージが形成されていないことが挙げられる。実際，平成27年度の調査では，23.9％の生徒が，二元一次方程式の解として，整数値の組となる解を選んでいる。

また，二元一次方程式においては，xの値を決めるとそれに対応する解のyの値がただ一つ定まるということから，二元一次方程式の解集合のグラフを一次関数のグラフとして見ることができる。このこと

は，連立二元一次方程式の解を求める際に役立つ考え方であるが，生徒にとっては，方程式を関数と見なすということが理解されにくく，困難を感じる大きな要因となっている。

　指導に当たっては，二元一次方程式の解が一つに定まらないという特徴を，整数値の組にならないものも含めてできるだけたくさん明示するようにしたい。時間はかかるが，そのような指導が二元一次方程式の解集合のイメージを形成することに役立ち，連立二元一次方程式の解法へとつながっていくことになる。

　また，二元一次方程式の解が無数にあることが理解できれば，それらの解のxとyの値の間には一定の関係があり，それらを座標平面上の点として表した際には直線となることを確認し，その結果から，二元一次方程式の解集合は，一次関数の関係にあると見ることができるというように段階的に理解することができるようにしたい。

(2) 連立二元一次方程式の解の意味の理解

　連立二元一次方程式の解については，二つの二元一次方程式の解集合の共通部分として理解することができる。しかし，生徒は集合の概念を十分に理解しているわけではないので，その取扱いには注意が必要である。二元一次方程式の解集合を丁寧に書きだして，それらの解集合の共通部分を見つけてみる活動や，二元一次方程式の解集合を，座標平面上にプロットして，二つの解集合に共通する点が１点しかないことを確認する活動などは，連立二元一次方程式の解のイメージを形成するために有効な指導である。座標平面上に解集合の点を示すために，コンピュータソフトウェア等を利用するなどして，視覚的に捉えさせることが効果的である。

(3) 連立二元一次方程式の解法

　連立二元一次方程式の解法としては，加減法と代入法とが扱われる。どちらも二つの二元一次方程式から文字を消去することによって一元一次方程式に帰着する解法であり，基本的なアイデアは共通して

いる。

　しかし，生徒には二つの解法が別物として理解されているため，なぜ２通りの解法があるのか理解できず，どんな連立二元一次方程式も加減法を用いて解こうとしたりする傾向が見られる。連立二元一次方程式の解法を，手続きとして理解するのではなく，その背後にあるアイデア（この場合は一元一次方程式に帰着するというアイデア）が共通していることに注目させ，連立二元一次方程式によって，便利な解法を選択していくという柔軟な思考ができるように指導したい。

　例えば，与えられた連立二元一次方程式を加減法で解いた解答を提示し，なぜ加減法を用いて解こうとしたのかについて考えさせる活動などは有効である。それぞれの解法が，共通したアイデアをもちつつも，与えられた連立二元一次方程式によって，使いやすい場合と使いにくい場合があることを具体的な例で考えることによって，連立二元一次方程式の解法の理解が深まっていく。

B 図　形

 第2学年の「図形」の指導では，どのようなことに気を付けたらよいですか。

1　基本的な平面図形の性質

「平行線や角の性質を理解すること」や「多角形の角についての性質が見いだせることを知ること」（B(1)ア(ｱ)及び(ｲ)）の学習指導に当たって二つの点を留意したい。

まず，平行線や角の性質や多角形の角についての性質そのものが何であるかを明確にすることである。例えば，「平行な2直線に他の直線が交わったときにできる同位角は等しい」や「多角形の外角の和は360°である」などである。これは，演繹する際に，根拠として用いる事柄を明確にしておくためにも欠かせない。

次に，これらの平面図形の性質を見いだす際のアイディアを顕在化することである。例えば，多角形の内角の性質を見いだす際に，n角形を一つの頂点からひいた対角線によって，$(n-2)$個の三角形に分割し，三角形の内角の和が180°であることを利用するアイディアである。そのために，平面図形の性質を見いだす際の数学的な推論の過程を，生徒が他者に伝わるように分かりやすく表現することができるようにすることが大切である。

2　図形の性質の発見と正当化

「基本的な平面図形の性質を見いだし，平行線や角の性質を基にし

てそれらを確かめ説明すること」（B(1)イ(ア)）の学習指導に当たっては，角の大きさなどを求めることのみに留まることなく，生徒が推論の根拠として用いられている図形の性質を「明らかに」することが大切である。一つには当該の図形の性質をどこでどのように用いたのかを顕在化するためであり，もう一つには，証明することを学ぶことに通じる素地的な経験を豊かにするためである。第２学年の目標(2)に「数学的な推論の過程に着目し，図形の性質や関係を論理的に考察し表現する力」（下線は引用者）を養うと記されている。その際，早急に簡潔・明瞭で的確な表現を用いることのないように配慮したい。図形の性質の発見と正当化，いずれの側面においても，「●」や「○」などの記号を用いて等しい角を表したり，指示代名詞を用いたりして推論の過程を表現することから，漸次，洗練された形で表現することができるように留意したい。

3 　三角形の合同条件

「平面図形の合同の意味及び三角形の合同条件について理解すること」（B(2)ア(ア)）の学習指導に当たっては，小学校での学びを考慮したい。まず，二つの図形がぴったりと重なるとき，二つの図形は合同であると学んでいる。そして，合同な図形を見つけたり，かいたり，つくったりする活動を通して，図形の形や大きさが一つに決まる要素に着目してきている。例えば，三角形には，三つの辺と三つの角がある。しかし，合同な三角形を能率的にかくには，それらの要素をすべて用いなくても，三つの辺の長さが決まれば三角形が一つに定まること，二つの辺の長さとその間の角の大きさが決まれば三角形が一つに定まること，一つの辺の長さとその両端の角の大きさが決まれば三角形が一つに決まることに着目してきている。さらに，二つの図形が合同かどうか確かめる場合には，すべての辺や角を調べなくてもよいこ

とに次第に着目してきている。また,「二つの図形が合同であるとき,対応する辺や対応する角の大きさは,それぞれ等しい」ことも学んでいる。

これらの図形の合同についての素地的な経験を踏まえ,中学校第2学年では,平面図形の合同の意味及び三角形の合同条件を考察することになる。三角形の合同条件が生徒にとって使えるものとなっているという視点から大切なことは,二つの三角形が合同であると判断するときに用いた性質(合同条件)と,二つの三角形が合同であると判定された後の合同な図形の性質との区別である。

4　数学的探究のための観察や操作,実験,証明

「証明の必要性と意味及びその方法について理解すること」(B(2)ア(イ))の学習指導に当たって留意したいことは,大きく三つある。

まず,証明とは何かを理解することである。証明は,常に成り立つとすでに認められている事柄を推論の根拠として,命題の仮定から結論を導くことである。証明とは何かを理解するためには,推論の過程が異なる二つの証明についてその異同を明らかにしたり,推論の過程に誤りがあることを見抜き,さらにその誤りを改めたりする経験を積むことも必要である。

次に,なぜ証明するのか,証明する目的を理解したり必要性や意義を実感したりすることである。証明する目的の一つとして,ある事柄が常に成り立つことを明らかにすることがあげられる。しかし,証明の必要性は,ある事柄が常に成り立つことを明らかにすることに留まるものではない。証明の必要性に関わって見逃せないのは,証明の前提や根拠に着目して証明を読むことによって,新たな性質を見いだしたり既知の性質を整理したりすることができる,という点である。証明することには労力が伴うものである。その労に報いるためにも,数

学的探究において証明を何のためにどのように用いるかを理解し，実際に証明を用いることができるようにすることが大切である。そのために，証明するに対しての証明を使う，あるいは証明を書くに対しての証明を読む，それぞれの経験を積むことが必要である。

加えて，証明するために何をどうすればよいのかを理解することである。証明するために，例えば，結論を導くための事柄を結論から遡って考えたり，仮定から導かれる事柄を仮定から辿って考えたり，これらをつなげるために何が必要かを考えたりするとよいことを知っていることは大切である。しかし，これらを単に知っているだけではなく，証明する際に実際に実行してみて，これら証明の方針を立てることの有用性を実感していることはもっと重要である。

証明の必要性と意味及びその方法について理解を深めることは，観察や操作，実験の必要性及びその方法について理解を深めることと相補的である。図形などの性質を探究するやり方に光があたるためである。推測するために，観察や操作，実験が必要であることは論をまたない。証明に取り組むことによって，考察の対象が，事柄のみではなく，なぜそうなるのかへと拡がることになる。事柄と事柄の論理的な関係へと考察が拡がるのである。それゆえ，証明を念頭に，観察や操作，実験が数学的探究において果たす役割も豊かになるのである。複数の事柄を見いだすことへ，さらに，論理的な関係をつなぐ事柄を見いだすことへと，焦点のあて方を変えながら観察等が行われるようになるためである。観察等のツールとして，タブレット型端末上でGeoGebraなど動的幾何ソフトウェアを生徒が利用しながら数学的探究をすることができるようにすることにも留意したい。

観察や操作，実験，証明は，目的に応じて行われる活動である。証明を学んだからといって，観察や操作，実験を軽視することは適切でない。同様に，数学的推論としての帰納，類推，演繹は目的に応じて用いるものである。そのために，数学的探究における観察や操作，実

第3章　各学年の内容

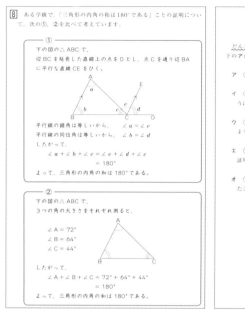

平成21年度全国学力・学習状況調査　中学校数学A⑧

験，証明，あるいは帰納，類推，演繹の役割を自覚することが重要である。証明の意義の理解についての平成21年度全国学力・学習状況調査　中学校数学A⑧の結果では，選択肢ア（22.9％），イ（32.6％），ウ（正答29.7％），エ（7.9％），オ（5.6％）となっている。証明の意義の理解に課題があることが示されている。

　最後に，証明の意義と方法を含め，数学的推論の意義と推論の進め方についての理解が漸次拡がったり深まったりするよう意図的・計画的な学習指導を実施することである。そのために，これらを活用しつつその理解を深めることも視野に入れ，第3学年を含めて学習指導計画を立案するとともに，生徒の学習状況に応じて柔軟に対応できるようにしたい。

5　反例とその役割

　用語として「反例」が新設されている。反例については二つの点を留意したい。まず，反例とは何かを理解することである。「反例は，命題の仮定を満たしているが，結論を満たしていない例である」（解説pp.113-114）ことを踏まえ，例と反例，さらに例でも反例でもないものを見分けることができるようにしたい。次に，反例をあげる目的を理解したり必要性を実感したりすることである。ある事柄が常に成り立つことを明らかにするには，証明すればよい。一方，ある事柄が常に成り立つとは限らないことを示すには，反例を一つあげればよい。反例の役割や必要性について理解を深めることは，証明の役割や必要性について理解を深めることと相補的である。証明や反例は，命題の仮定から結論を演繹によって導くことができるかを考察する際に欠くことのできない思考の道具なのである。そのために，推測した事柄が，常に成り立つのか，それとも常に成り立つとは限らないのかを判断する経験を積むことが必要である。その際，命題の仮定から結論を導こうとしているのか，それとも命題の逆である，元の命題の結論に当たるものから仮定に当たるものを導こうとしているかを区別することができることが重要である。

　命題の仮定と結論を入れかえた命題を，元の命題の逆という。命題の逆に着目することは，二つの点から重要である。まず，事柄と事柄の論理的な関係を自覚するために不可欠だからである。次に，元の命題の逆が常に成り立つのか，それとも常に成り立つとは限らないのかという新たな数学的探究を拓く契機となるからである。この新たな探究において，証明や反例の役割を顕在化することもできる。その結果，ある命題が常に成り立つからといって，その逆の命題もまた常に成り立つとは限らないことを理解することも重要である。

6　証明の構想と証明の読み

「三角形の合同条件などを基にして三角形や平行四辺形の基本的な性質を論理的に確かめたり，証明を読んで新たな性質を見いだしたりすること」（B(2)イ(ア)）の学習指導にあたって留意したいことは，大きく二つある。

まず，小学校において操作的な活動等を通して身に付けた三角形や四角形に対する直観を，新たな性質を見いだしたり，証明の構想を立てたりするときに働かせることができるようにすることである。例えば，

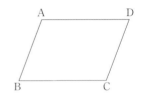

「平行四辺形の2組の向かいあう辺はそれぞれ等しい」ことを証明するために，「四角形ＡＢＣＤで，ＡＢ//ＤＣ，ＡＤ//ＢＣならばＡＢ＝ＤＣ，ＡＤ＝ＢＣ」を示す場面を取り上げる。少なくともＡＢとＤＣが対応する辺となるような三角形をつくらなければならない。ここで，平行四辺形は点対称な図形であるという見方を働かせれば，ＡＢにＣＤが対応し，△ＡＢＣと△ＣＤＡをつくるために対角線ＡＣを引けばよいという着想に至ることが考えられる。このようにして得た着想を，今度は論理によって，△ＡＢＣと△ＣＤＡが合同であることを示すための三角形の合同条件を絞り込むことが考えられる。例えば，ＡＢとＤＣ，ＡＤとＢＣはそれぞれ結論に関わるから，三辺相等や二辺夾角相等ではなく，二角夾辺相等に着目し，∠ＢＡＣと∠ＤＣＡ，∠ＢＣＡと∠ＤＡＣについて，それぞれの相等関係に考察の焦点を絞り込む。さらに，仮定ＡＢ//ＤＣ，ＡＤ//ＢＣからいえることは何かを考え，∠ＢＡＣ＝∠ＤＣＡ，∠ＢＣＡ＝∠ＤＡＣに気付く。ここで，結論から遡って考えたことと，仮定から辿って考えたことがつながりそうだという見通しが立つ。このように，直観を働かせつつ論理

による考察も加え，さらに高次の直観を促すことが大切である。

　次に，証明を，単に正当化の方法として位置付けるのみではなく，新たな数学的探究の契機としても位置付けることである。証明はゴールでもあると同時にスタートでもある。推測したことを証明することは重要である。しかし，最初から，洗練された内容を含む推測をするとは限らない。生徒が「いつでも豊かな内容を含んだ推測ができる」などの幻想を抱くことは避けたい。推測や証明，数学的探究や考えることにはまちがいや廻り道がつきものである。それゆえ，証明を読むという視点から，「推論の過程が異なる二つの証明を読んでその相違点を見つけたり，推論の過程に誤りのある証明を読んでそれを指摘し改めたりするなど，証明を評価・改善する活動を適宜取り入れる」（解説p.113）ことや，「証明に用いた前提や証明の根拠，結論を整理し，新たな性質を見いだす活動を取り入れる」（解説p.115）ことに留意したい。いずれも，生徒の自律的な活動の実現として重要である。さらに，第２学年の目標(3)での「問題解決の過程を振り返って評価・改善しようとする態度，多様な考えを認め，よりよく問題解決しようとする態度」に培うことになる。

7　日常の事象や社会の事象をみたり考えたりするためのツール

　「三角形や平行四辺形の基本的な性質などを具体的な場面で活用すること」（B(2)イ(イ)）の学習指導に当たって留意したいことは，日常の事象や社会の事象など世界をみたり考えたりするためのツールを生徒が自覚することである。そのために，学んだ事実や概念，方法等を活用することを通して，日常の事象や社会の事象について見方が変わったり理解が深まったり，さらに自らの考えや方法を更新したりする経験を豊かにする。そこで，例えば，「スライド式の道具箱」（解説p.115）のしくみや，遊園地にみられる"フライングカーペット"のし

くみなどの考察を通して,「形や大きさ,位置関係に着目して観察し,事象を図形の問題として捉え」(解説p.115),その数学的な問題の解決過程を振り返り,得られた数学的な結果を場面に即して意味付けることができるようにすることが大切である。

【参考文献】
○ 文部科学省『中学校学習指導要領解説 数学編』(平成29年7月)2017年 2017.12.22. Retrieved from http://www.mext.go.jp/component/a_menu/education/micro_detail/__icsFiles/afieldfile/2017/07/25/1387018_4_1.pdf
○ 文部科学省・国立教育政策研究所『平成21年度 全国学力・学習状況調査【中学校】報告書』2009年

C 関　数

 第2学年の「関数」の指導では，どのようなことに気を付けたらよいですか。

1　一次関数について理解すること

yがxの関数で，かつ，yがxの一次式で表されるとき，yはxの一次関数であるという。比例と一次関数は特殊と一般の関係にあり，一次関数の学習は比例の一般化の学習ともいえる。

一次関数を理解する上で「変化の割合」は欠かすことのできない重要な概念である。一次関数$y = ax + b$について，変数xの値がx_1からx_2まで変化し，それに伴って変数yの値もy_1からy_2まで変化するとき，変化の割合$(y_2 - y_1)/(x_2 - x_1)$は常に一定でaに等しい。これは一次関数の特徴であって，グラフが直線になることを意味している（解説p.118）。

$$変化の割合 = \frac{y の増加量}{x の増加量} = \frac{y_2 - y_1}{x_2 - x_1} = \frac{(ax_2 + b) - (ax_1 + b)}{x_2 - x_1} = a$$

このように，「yがxの一次関数であること」と，「変化の割合が一定であること」「グラフが直線になること」は同値の命題であり，一次関数の学習では特に「変化の割合」の理解が重要である。

また，「変化の割合」は，高等学校における関数の学習，とりわけ微分の学習の前提にもなる概念である。変化の割合（＝yの増加量／xの増加量）のxの増加量を0に限りなく近づけることが微分することの意味であり，そのようにして求めた導関数を用いて，関数の値の

増減や極大・極小を調べたり，グラフの概形をかいたりするからである。このように，変化の割合は関数の学習において必要不可欠な概念であるにもかかわらず，中学校段階における生徒の理解は決して芳しいものではない。平成20年告示の学習指導要領では，第2学年で指導すべき〔用語・記号〕に新しく「変化の割合」が追加（明示）されたが，その理由は，その指導が形式的に変化の割合を計算して求めることに偏らないようにするとともに，変化の割合を事象の考察やその説明に適切に用いることができるようにすることを重視するためであった。変化の割合を形式的に求めるだけの指導にとどまらず，変化の割合の必要性や意味を理解できるようにすることが大切である。

　その際，変化の割合が常に一定である関数（つまり，一次関数）だけを対象として，変化の割合を調べていてはそのよさを感じとることは難しいであろう。そもそも「割合」は，例えば人口密度のように一つの数量（例えば人数）に着目しただけでは比べられないような数量

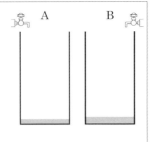

　高さ 40 cm まで水がはいる直方体の水そう A, B があり，これらの水そうには，はじめから少しだけ水がはいっていました。
　この2つの水そうに，それぞれ一定の割合で水を入れました。
　次の表は，水を入れ始めてから x 分後の水面の高さを y cm として，x, y の値の関係をそれぞれ表したもので，y は x の関数です。

Aの水そう

x	…	3	…	5	…
y	…	20	…	32	…

Bの水そう

x	…	4	…	7	…
y	…	23	…	38	…

　このとき，水面の高さの上がり方が急だったのは，AとBのどちらの水そうですか。

図5　変化の割合を比較する場面の例 (重松ほか，2016a，p.64)

を比較する際にその威力を発揮するものである。変化の割合の学習においても，図5のようにyの増加量だけに着目しただけでは変化の様子を適切に比べられないような場面を設定したり，変化の割合が一定でない場合（例えば反比例の関係）を調べたりするなどの指導の工夫が必要である。そのような学習を通して，変化の割合は，xの値が1だけ増加したとき，対応するyの値がどれだけ増加するかを表すことや，その値がxの係数と等しいことなどを理解できるようにすることが大切である。

2　表，式，グラフを相互に関連付けて考察し，表現すること

　一般に，関数関係は目で見ることはできず，関数関係をとらえるために表，式，グラフなどの表現が用いられる。その中でも，子供にとって最も取り組みやすい表現が表であり，関数の変化や対応の様子を調べる基本的かつ重要な手段である。この表での考察をもとにしながら，表の特徴と，一次関数の式やグラフの特徴とを結び付けることが大切である。例えば，全国調査H20A⑫(2)やH28A⑩(1)では，それぞれ図6と図7のような問題が出題されているが，正答率はそれぞれ37.8％と62.6％であり，表，式，グラフの特徴を相互に関連付けて理解することに課題があることが分かる。

　指導に当たっては，xの値が1だけ増加したときのyの増加量（表の特徴）が，xの係数（式の特徴）と一致したり，グラフの傾き（グラフの特徴）を表したりすることなどを事実として確認するだけでなく，その理由を考え，根拠を明らかにして筋道立てて説明し伝え合う活動を取り入れることが考えられる。y切片（グラフの特徴）についても同様である。一次関数のグラフがy軸と交わる点のy座標と，一次関数の式の定数項（式の特徴）とがなぜ一致するのかや，表における$x=0$のときのyの値（表の特徴）となぜ等しくなるのかを考え，

その理由を説明し伝え合うことによって，一次関数についての理解が深められる。このような学習を通して，図8に示すような，一次関数の表，式，グラフの相互の関係を理解できるようにすることが大切である。

（2）下の表は，ある一次関数について，x の値と y の値の関係を示したものです。y を x の式で表しなさい。

x	⋯	−2	−1	0	1	2	⋯
y	⋯	−1	2	5	8	11	⋯

図6　平成20年度全国学力・学習状況調査　中学校数学⑫(2)

（1）次の表は，ある一次関数について，x の値とそれに対応する y の値を表しています。

x	⋯	−1	0	1	2	3	⋯
y	⋯	5	3	1	−1	−3	⋯

下の**ア**から**エ**までの中に，上の表の x と y の関係を表すグラフがあります。そのグラフとして正しいものを1つ選びなさい。

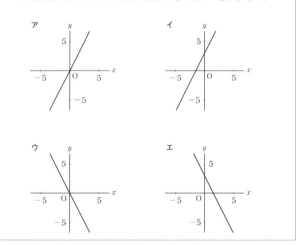

図7　平成28年度全国学力・学習状況調査　中学校数学A⑩(1)

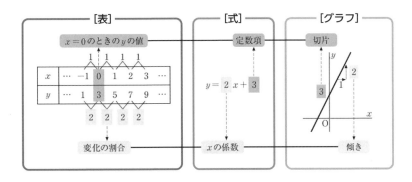

図8　一次関数の表，式，グラフの相互関係（重松ほか，2016a, p.71）

3　二元一次方程式を関数を表す式とみること

　二元一次方程式 $ax + by + c = 0$ について，$b \neq 0$ のとき，x の値を一つ決めればそれに対応する y の値が一つ決まることから，$ax + by + c = 0$ は x と y の間の関数関係を表す式とみることができる。

　しかしながら，子供にとって $ax + by + c = 0$ の式は，あくまで方程式としての印象が強く，解（未知数）を求めるための式という見方が強い。それゆえ，x の値を決めれば y の値が決まるという見方や，x の値が変わればそれに伴って y の値が変わるという見方を印象付けるために，式を満たす x と y の値の組を小数や分数の値を含めて複数求めたり，その値の組を表に表したり，値の組を座標とする点を座標平面上にプロットしたりする活動を大切にする必要がある。そのような活動を通して，例えば，二元一次方程式 $2x - y + 6 = 0$ のグラフが直線（一次関数）のグラフになることを，式を $y = 2x + 6$ と変形することによって見通しをもって確かめることが考えられる。

　また，方程式を満たす値の組を座標とする点を座標平面上にとるだけでなく，グラフ上の点の満たす条件を考えるなど，式とグラフとを

双方向に関連付ける活動を取り入れることも大切である。例えば，グラフ上の点のx座標からその点のy座標を求めたり，y座標の値からx座標を求めたりするなどの活動を通して，直線のグラフが二元一次方程式を満たす解の値の組を座標とする点の集合であることの理解を深め，連立二元一次方程式の解は座標平面上の２直線の交点の座標としても求められることを理解できるようにすることが考えられる。

4　具体的な事象を捉え考察し表現すること

　具体的な事象についての観察や実験などから得られたデータには誤差が含まれることの方が自然であり，事象の背景にある，事象に影響を及ぼす要因も複数であることの方が多い。それゆえ，現実の事象を能率的に処理できるように数学と結び付けて捉えたり，考察したりするためには，現実の事象を理想化したり単純化したりして，事象や問題を数学の舞台にのせること，すなわち定式化する必要がある。その際には，何を明らかにしようとするかという目的意識をもち，事象をどのように解釈して数学の対象にするのかを明確にすることが大切である（解説p.119）。

　例えば，水を熱したときの水温の変化を調べる実験で，水をx秒間熱したときの水温をy℃とし，xとyの値の組を座標とする点を座標平面上にとったとする。それらの点は完全に一直線上に並ぶわけではなく，「ほぼ」一直線上に並ぶ。しかしながら，その実験結果をもとに，そのまま熱し続けた場合の水温や，ある温度に達するまでにかかる時間を予想しようとした場合，実験結果をそのまま折れ線グラフのような「がたがた」のグラフとして捉えていてはその先を能率的に予想することができない。一方で，グラフを一直線とみなしてグラフを延長したり，直線の式を求めたりすることで，その先を能率的に予想することができるようになる。

このように，何を明らかにしようとするかという目的意識をもち，事象を数学の舞台にのせる過程を生徒自身が体験することが重要である。また，予想と実際の結果とを比較し，予想と結果に違いがある場合は，その原因について考えたり，よりよい予想のための工夫を考えたりすることなども考えられる。

＊「第3章第3節C関数」の参考文献は，142〜143ページ参照

D データの活用

Q 新設された「データの活用」の内容と指導のポイントについて教えてください。

1 統計分野

(1) 四分位範囲や箱ひげ図の必要性と意味の理解

第1学年では，データの散らばりを表す指標として「範囲」を扱う。範囲は最大値から最小値を引いた差であり，最大値と最小値以外のデータの散らばりの様子は分からない。したがって，最大値あるいは最小値が極端なデータ（はずれ値）である場合は，範囲は散らばり

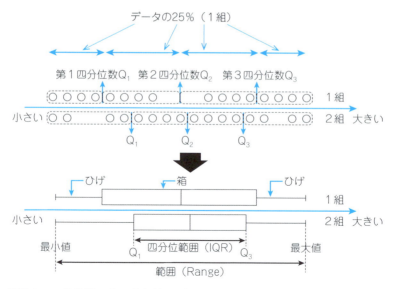

資料1　四分位数の考え方と箱ひげ図

の指標を表す働きとして弱くなる。また，二つのデータセットの範囲が同じ場合は，散らばりの違いを比較できない。これらのように，データの散らばりの様子をさらに詳しく考察する必要性を生徒に感じさせることが大切である。

データの散らばりは，中央値を用いると「最小値と中央値の間でデータの50％」「中央値と最大値の間でデータの50％」のように半分に分けることができる。これを資料1のように，さらにデータを二等分することによってデータ全体を四等分して散らばりの様子を観察することができる。このときに，小学校第6学年で学ぶドットプロットと関連付けて視覚的な支援をしていきたい。このような必要性と意味を理解した後に，箱ひげ図のかき方を習熟させることが大切である。

(2) 箱ひげ図の読み取りとヒストグラムの関連

箱ひげ図をかくことは比較的簡単であるが，箱ひげ図から情報を読みとることは難しい。例えば，資料2のように，同じ数直線上に複数の箱ひげ図が並べられていたとき（データ数は同じ），「30点未満の生徒はどちらのクラスが多いか」という問いに対して，「ひげの長い2組の方が多い」と答える生徒がいる（答えは，「ひげの部分のデータの散らばりは分からないので，30点未満の生徒はどちらのクラスが多いかは判断できない」）。棒グラフやヒストグラムなどの既習のグラフは「長さが人数を表している」ことから，「箱ひげ図の箱やひげが長ければ，そこに含まれているデータの数が多い」と類推してしまうと

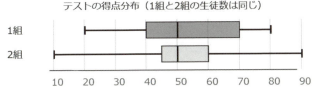

資料2 並行箱ひげ図とその読みとり（統計ソフトstatboxで作成）

考えられるので，このような誤認識をしないような指導が必要である。また，同じデータのヒストグラムと箱ひげ図を並べて，例えば，ヒストグラムの階級が少なかったり中央値付近の階級の度数が多かったりすると，箱やひげが短くなるといった関連性についても指導をしたい。

(3) コンピュータ（ICT）を用いた箱ひげ図の作成

第1学年と同様，統計データが大量にあるとき，手作業で表やグラフを作成するのは時間がかかるので，統計ソフトの活用をしたい。箱ひげ図を作成する統計ソフト（フリーソフト）は以下のようなものがあり，目的に応じて活用したい。

・Simplebox（宮崎大学・藤井良宜教授開発）
　　http://www.cc.miyazaki-u.ac.jp/yfujii/boxplot/
・statbox（静岡大学・松元新一郎教授開発）
　　http://www.ipc.shizuoka.ac.jp/~esmatsu/statistical-thinking-software.htm

　　　　　　　　　　　　（URLは，平成29（2017）年8月確認）

なお，表計算ソフトExcelの四分位数を求める関数（QUARTILE関数）は，教科書の定義と異なるので注意が必要である。

(4) 四分位範囲や箱ひげ図を用いた問題解決を通して批判的に考察し判断すること

第1学年と同様，85ページ（中1）の表2のように，問題を解決するために統計的に解決が可能な課題設定を行い，計画を立てて（質問紙づくりや既存データの収集方法），データを収集・整理し，ICTを活用して統計グラフを作成したり四分位範囲や代表値（平均値，中央値，最頻値）等を求めたりして分析し，分析した結果から結論を出す，といった一連の活動を行う。

その際，「他者」や「自分」の活動において，批判的に考察し判断することが大切である。例えば，「遅刻が多いのでその理由を探る」

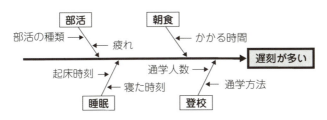

資料３　特性要因図（魚骨図）

ことが課題であるとき，まず，どのような原因（要因）で遅刻が起こるのかを批判的に検討することが大切である。そのために，「特性要因図（魚骨図）」をグループで作成することが考えられる（資料３）。この図を基にして，生徒に実施するアンケート調査の項目を検討する中で，「一番影響が大きい原因は何か」「質問の文章をどのようにすれば，的確な考察ができるか」など多面的に議論することが大切である。また，朝食を食べる人と食べない人のように複数の層に分けてデータを収集・分析すること，朝食のデータだけに頼らずに他のデータでも考えること，グラフは箱ひげ図やよいのかヒストグラムがよいのか検討すること，など，批判的に考察する観点を生徒に例示できるとよい。

2　確率分野

(1)　多数回の試行によって得られる確率と関連付けること

第１学年では，多数回の試行によって得られる確率（統計的確率）について学習している。この上に立ち，統計的確率と関連付けて数学的確率を扱う必要がある。例えば，さいころの１の目が出る確率は確定的ではない。しかし，全国学力・学習状況調査の結果から，「さいころを６回投げたとき，１の目は必ず１回出る」と考えている生徒が一定数いることが分かっている。したがって，１年で学習した統計的

確率の学習を振り返り，多数回の実験を通して，1の目が出る相対度数の変化の様子が大数の法則にしたがって安定した値となること，どの目も同じ値に近づくことから，「どの目が出ることも同様に確からしい」ことを定義して理解を深めることが大切である。

(2) 場合の数を基にして得られる確率の必要性と意味の理解

「同様に確からしい」ことを定義すれば，場合の数を用いて数学的確率を求めることができる。この活動を深めるために，例えば，右のような直方体の各面に1から6の目をかいて投げたとき，起こりやすさの程度は，どの目も同じといってよいかどうか考える場面を設定したい。このような活動を通して，数学的確率を用いるときには「同様に確からしい」ことが前提になっていることを理解できるようにする。

(3) 簡単な場合について確率を求めること

「簡単な場合」とは，全ての場合の数を表や図で書き表すことができる程度を指す。小6において，「起こり得る場合を順序よく整理するための図や表などの用い方を知ること」を通して，例えば，「4人が一列に並ぶ場合」（順列の考え方）や「四つのチームの対戦の組み合わせ」（組合せの考え方）を表や図を使って全ての場合を落ちや重なりがないように調べる学習を行ってきている。このような学習を振り返りながら，全ての場合の数を表や図で書き表すことを繰り返し経験できるようにした上で，求めたい場合の数を基にして，確率を求めることができるようにすることが大切である。

生徒がよく誤る例として挙げられるのが，「二つの硬貨を同時に投げたとき，表と裏がでる確率」である。すべての場合の数を考えたときに，(表，表)，(表，裏)，(裏，表) の3通りと考えてしまい，表と裏がでる確率を $\frac{1}{3}$ としてしまう生徒が一定数いる。このような生徒の中には，樹形図等を使って4通りあることを示されても納得できない生徒もいる。したがって，二つの硬貨を実際に多数回投げる実験

によって,表と裏がでる統計的確率を考えることを通して,「(表,表),(表,裏),(裏,表)の三つの場合は同様に確

大 小	1	2	3	4	5	6
1	(1, 1)	(1, 2)	(1, 3)	(1, 4)	(1, 5)	(1, 6)
2	(2, 1)	(2, 2)	(2, 3)	(2, 4)	(2, 5)	(2, 6)
3	(3, 1)	(3, 2)	(3, 3)	(3, 4)	(3, 5)	(3, 6)
4	(4, 1)	(4, 2)	(4, 3)	(4, 4)	(4, 5)	(4, 6)
5	(5, 1)	(5, 2)	(5, 3)	(5, 4)	(5, 5)	(5, 6)
6	(6, 1)	(6, 2)	(6, 3)	(6, 4)	(6, 5)	(6, 6)

からしくないこと」「表と裏がでる相対度数は$\frac{1}{2}$に近づくこと」を確認することが大切である。このような活動を通して,同じ硬貨でも別の硬貨として順序を考えて場合の数を求めることが理解できるようにしたい。

　また,事象の中の全ての場合が起こる確率は1であることを利用して,余事象の確率を求められるようにしたい。例えば,大小二つのさいころを投げたときに同じ目がでない確率を求める際,上のような表をかき,同じ目がでない場合の数よりも同じ目がでる場合の数の方が少ないので,

　　(同じ目がでない場合の数) ＝ 36 －(同じ目がでる場合の数)
であることから,

　　(同じ目がでない確率) ＝ $\frac{36-6}{36}$ ＝ $1-\frac{6}{36}$
と考えることができ,

　　(同じ目がでない確率) ＝ 1 －(同じ目がでる確率)
と求めることができることを丁寧に扱うことが大切である。

(4) 確率を用いて不確定な事象を捉え考察し表現すること

　不確定な事象を捉え説明するための根拠として有効なのが確率であり,日常生活や社会における事象を取り上げ,確率を基にして考察し,説明し合うことが大切である。くじ引きをするとき,先に引くか後に引くかで有利不利が生じないかどうかを考えて,その理由を確率に基づいて説明し合うことが考えられる。例えば,5本のくじの中に2本のあたりが入っている場合について,実際に何回かくじ引きを行

う活動から先に引いたくじを戻す場合（復元抽出）と先に引いたくじを戻さない場合（非復元抽出）があることを確認する。くじを戻した場合は，先に引く方も後に引く方も5本のくじの中から2本のあたりを引く確率であるから$\frac{2}{5}$になることを確認する。次に，先に引いたくじを戻さない場合は，先に引く方の引くくじによって後に引くことができるくじに影響を受けるので，「先に引いた方が有利」「後から引いた方が有利」「どちらも同じ」など予想を立てておく。その上で，樹形図などを利用して，起こり得る場合の数を求め，先に引いた場合と後から引いた場合に当たる確率をそれぞれ計算すると，どちらの確率も等しいことから，くじ引きが公平であることを説明できるようにしたい。さらに，条件を変えても（5本のくじの中に1本のあたりが入っている場合など）くじ引きが公平であるかどうかを考えることを通して，粘り強く考察し表現する態度を育てていきたい。

【参考文献】
○松元新一郎『中学校数学科　統計指導を極める』明治図書出版，2013年
○石綿健一郎「中学校数学科における箱ひげ図の授業実践と生徒の理解度の評価」
　日本科学教育学会年会論文集，2016年

第4節 第3学年

A 数と式

Q 第3学年の「数と式」はどのように改訂されましたか。

1 既に学習した計算の方法と関連付けて，数の平方根を含む式の計算の方法を考察し表現すること，数の平方根を具体的な場面で活用すること

　内容が「知識・技能」と「思考力・判断力・表現力等」に分けて示されるようになったため，平方根に関しては，身に付けるべき思考力・判断力・表現力等として，(1)イ(ア)「既に学習した計算の方法と関連付けて，数の平方根を含む式の計算の方法を考察し表現すること」及び，(1)イ(イ)「数の平方根を具体的な場面で活用すること」が新しく示された。

(1) 平方根の意味

　第1学年では，負の数を導入することによって，算数科で学習してきた数の範囲を広げ，自然数，整数，有理数という数の範囲が完成している。第3学年では，有理数に含まれない数（無理数）を導入することによって，それまで考察することのできなかった数の範囲へと認識を広げていくことになる。

一般に，正の数aに対して，$x^2 = a$を満たすxの値を「aの平方根」といい，aの平方根のうち正のものを$\sqrt{a}$と表す。aの平方根は正と負の二つあり，それらの絶対値は等しいため，aの平方根のうち負のものは$-\sqrt{a}$と表される。このような定義は，教科書には必ず示されているものの，これらを正確に理解できていない生徒が多いことも事実である。生徒が混乱する原因の多くは，「平方根の意味」と「平方根を表す記号（根号）の意味」を混同していることからくるものである。

　例えば，$\sqrt{4} = \pm 2$のように計算してしまうのは，根号の意味を正確に理解していないことの表れである。上記のような例を誤答例として示し，なぜこのような間違いをしてしまったのかを考えさせるなどの指導は有効である。平方根の意味を指導するとともに，それらを表す記号の意味も併せて理解させることが肝要である。

　また，平方根の記号は，今まで学習してきた整数や小数，分数では表せない数を，新しい記号を用いて表すものであるため，量感を伴って数をイメージすることが難しい。このような無理数のイメージのしにくさに関しては，例えば$\sqrt{2}$の値を計算機を用いてできるだけ詳しく計算してみるなどの活動は，効果的である。電卓の$\sqrt{}$の機能を用いれば，簡単に$\sqrt{2}$の近似値を求めることはできるが，「2乗して2となる正の数」という定義のみを用いて，まず「$1 \leq \sqrt{2} \leq 2$」であると見当を付け，$1.5^2 = 2.25$であることから「$1 \leq \sqrt{2} \leq 1.5$」とその範囲を絞り込んでいく，さらに$1.25^2 = 1.5625$であることから，さらに範囲を「$1.25 \leq \sqrt{2} \leq 1.5$」と絞り込んでいくことができる。このようにして計算していくと，$\sqrt{2}$という数が大体どれくらいの大きさの数かがイメージされるだけでなく，いくら小数を用いて詳しく計算しても「2乗してちょうど2になる数がない」ということも感覚的に理解できる。数学的活動としては時間のかかる活動であるが，実感を伴って平方根で表される数について理解するためには，取り入れ

たい活動である。

(2) 平方根を含む式の計算方法

平方根の計算では，$a>0$，$b>0$ のとき，$\sqrt{a} \times \sqrt{b} = \sqrt{ab}$，$\dfrac{\sqrt{a}}{\sqrt{b}} = \sqrt{\dfrac{a}{b}}$ という計算規則が成り立つ。これらの計算規則については，計算の中で単に $\sqrt{2} \times \sqrt{3} = \sqrt{6}$ と処理するだけではなく，電卓等を用いて $\sqrt{2}$ の近似値と $\sqrt{3}$ の近似値とをかけ合わせて $\sqrt{6}$ の近似値にほぼ等しくなることを確かめておくことなどは，実感を伴った理解のためには大切な活動である。

しかし，一方でこれらの規則を加法，減法にも適用できると考え，$\sqrt{2} + \sqrt{3} = \sqrt{5}$ と計算してしまう生徒は多い。電卓を用いて近似値で計算し，$\sqrt{2}$ の近似値と $\sqrt{3}$ の近似値を加えても，$\sqrt{5}$ の近似値にはならないことを確かめることは大切であるが，そのように計算できないことを示すだけではなく，$\sqrt{2} + \sqrt{3}$ がそれ自身で一つの数を表しているということも理解させたい。文字式の計算では，$a+b$ のように，同類項でないものは計算せず，そのままで一つの数を表す式として理解することを学習してきている。ここでは文字式の計算と関連付けて，平方根の加法，減法に関する計算のイメージを形成したい。

(3) 数の平方根を具体的な場面で活用すること

平方根が具体的な場面で活用されている例として，Ａ４，Ｂ４などのコピー用紙の縦と横の長さの比が $1:\sqrt{2}$ であることは，よく取り上げられる題材である。実際にコピー用紙を折って，長い方の辺の長さが短い方の辺の長さを１辺とする正方形の対角線の長さに等しいことを確認することができる。

また，実際には相似についての学習が前提となるが，なぜコピー用紙の縦と横の長さの比が $1:\sqrt{2}$ となっているのかを考えさせることも取り扱いたい。長い方の辺の中点を結んで２等分すると，もとの長方形と相似な長方形となるという性質は，コピー用紙の規格として非

常に合理的に考えられていることなどを理解することによって，数学の応用的な側面を強調することができる。

さらに，縦と横の長さの比が $1:\sqrt{2}$ である長方形を白銀比の長方形と呼ぶことも取り上げ，黄金比の長方形と比較するなど，発展的な扱いも可能である。数学の文化的側面を強調することのできる教材として興味深い。

2　誤差や近似値，$a \times 10^n$ の形の数の表現

現行の学習指導要領では，第1学年の「内容の取扱い」の領域「D 資料の活用」に関連して「誤差や近似値，$a \times 10^n$ の形の表現」が示されていたが，新学習指導要領では，この内容が第3学年の領域「A 数と式」に関連した「内容の取扱い(1)」へと移行された。これまでは，資料の活用におけるデータの表現方法として，誤差や近似値の考え方，また，$a \times 10^n$ という形の数の表現が扱われていたが，領域「A 数と式」へと移行されたことによって，正の数の平方根との関係で扱われることとなった。

1の(1)や(2)でも示したように，$\sqrt{2}$ や $\sqrt{3}$ などの平方根はこれまで学習してきた整数や分数，小数といった表現方法では表現できない数である。したがって，量感を伴ってこれらの数を理解するために，値の近似値を小数で表現して考えるということが行われる。その際，近似値や誤差といった用語の意味にも触れ，平方根表や電卓を用いて求められる小数の値が，実際の平方根の値とは異なることを丁寧に指導したい。$\sqrt{2}$ や $\sqrt{3}$ などは小数表現しようとすると循環しない無限小数となることから，日常生活における計算処理などでは近似値を用いて計算することや，そのように計算することによって必ず真の値との間に誤差が生じていることなどを扱いたい。

3 既に学習した計算の方法と関連付けて，式の展開や因数分解をする方法を考察し表現すること

　式の展開，因数分解に関しても，身に付けるべき思考力・判断力・表現力等として，(2)イ(ア)「既に学習した計算方法と関連付けて，式の展開や因数分解をする方法を考察し表現すること」が新しく示された。

　ここでは，単項式と多項式の乗法，多項式を単項式で割る除法，一次式の乗法を扱い，さらに公式を用いた式の展開と因数分解を学習することになる。これらの計算の基礎となる考え方は，算数科において学習し，中学校第1学年，第2学年でも活用してきた結合法則や交換法則，分配法則等の計算のきまりである。特に分配法則を用いて括弧のついた式を展開したり，多項式のそれぞれの項の共通因数をくくり出したりする計算は，乗法展開や因数分解の基本的な考え方となる。このような計算のきまりをうまく使っていくためには，多項式を項の和としてみる見方が重要である。例えば，$(a+b)(c+d)$という式を展開しようとするとき，$a+b$を一つの項とみてXとおくと，$X(c+d)$となり，分配法則を用いることができる。このように多項式を項の和としてみるとともに，必要に応じて項のまとまりを一つの項としてみて，計算のきまりを適用していくという見方を育てていきたい。

　また，式の展開や因数分解では公式を適用して計算処理することに注意が向けられがちであるが，「公式を覚えて使う活動」だけではなく「公式の意味を考える活動」を大切にしたい。例えば，右図のように，$(x+a)(x+b) = x^2+(a+b)x+ab$という式の

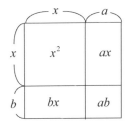

【面積図による展開公式】

展開について，面積図を用いて式の展開や因数分解の公式を考えることは，公式そのものの意味を考え直す機会を提供することができる。

代数計算であったとしても，様々な表現方法を用いて表現していくことを心がけたい。

4　因数分解や平方根の考えを基にして，二次方程式を解く方法を考察し表現すること

二次方程式に関しても，身に付けるべき思考力・判断力・表現力等として，「因数分解や平方根の考えを基にして，二次方程式を解く方法を考察し表現すること」という内容が新しく追加された。

第1学年で一元一次方程式，第2学年で二元一次方程式を学習してきており，方程式やその解の意味については理解してきているが，第3学年の二次方程式では，因数分解や平方完成など，様々な計算方法を駆使して方程式を解くことが求められる。単に計算して解を求めることだけに焦点化するのではなく，二次方程式をどのように変形し，解を求めていくかという解法のプロセスを重視した指導を心がけたい。

方程式の解法に関しては，現行の学習指導要領と同様，因数分解による解法，平方完成による解法，解の公式による解法の3種類が扱われる。解を求めるだけであれば，解の公式による解法のみで十分であるため，因数分解による解法や平方完成による解法を活用することなく解を求めようとする生徒は多い。例えば，$(x-2)^2 - 5 = 0$ のような二次方程式が与えられたときに，−5を移項して平方の形を利用するのではなく，左辺を展開して $x^2 - 4x - 1 = 0$ としてから解の公式を用いて解を求めようとする生徒である。

因数分解による解法は，二次式の因数分解が一意的であることと，2数をかけ合わせて0になる場合は，必ずどちらかの数（もしくは両

方の数）が0であるという性質を利用したもので，高等学校で学習する高次方程式の解法の基本的な考え方となるものである。

　また，平方完成による解法は，高等学校での二次関数の学習につながる計算方法である。高等学校では，二次関数 $y = ax^2 + bx + c$ のグラフをかくために，頂点の座標が分かるように，$y = a(x - p)^2 + q$ という形に変形する。このとき，二次式を平方完成する計算が求められるため，中学校第3学年で二次方程式を学習する際にも，十分な練習と定着を図っておきたい。

　実際の指導に当たっては，3種類の解法についての学習を一通り終えた後，3種類の解法の特徴について議論するような活動が考えられる。どのような二次方程式のときに因数分解による解法が使えるのか，平方完成による解法にはどのような利点があるのか，解の公式は本当にどんな二次方程式でも解くことができるのか，など様々な観点から解法を比較検討し，それぞれの解法の特徴をつかむことができれば，与えられた方程式によって柔軟に解法を選択して解を求めることができるようになるのではないだろうか。

B　図　形

> **Q** 第3学年の「図形」の指導では，どのようなことに気を付けたらよいですか。

1　平面図形の相似と三角形の相似条件

「平面図形の相似の意味及び三角形の相似条件について理解すること」（B(1)ア(ア)）の学習指導に当たっては，小学校での学びを考慮したい。小学校において，二つの図形について，大きさを問題にせずに形が同じであることを，縮図や拡大図を通して学んできている。この縮図や拡大図についての学びは，図形についての観察や構成などの活動を通して行われている。例えば，方眼の縦，横を同じ割合で縮小，拡大した方眼紙を用いたり，図形の一つの頂点から残りの頂点までの長さの比を一定にしたりして，縮図や拡大図を構成する。また，「二つの図形は形が同じとき（縮図や拡大図の関係にあるとき），対応する角の大きさはそれぞれ等しく，対応する辺の長さの比は全て等しい」ことも学んでいる。また，地図や設計図，ある写真とそれを引き伸ばした写真など，身の回りに見られる大きさは違うが形は同じものも目にしていると考えられる。

これらの図形の縮小・拡大についての素地的な経験，さらに中学校第2学年での図形の合同や三角形の合同条件についての学びを踏まえ，第3学年では，図形の相似の意味及び三角形の相似条件を考察することになる。三角形には，三つの辺と三つの角がある。三角形の合同条件についての学びを生かし，相似な三角形を見付けたり，かいたりする活動を通して，大きさは問わず図形の形が一つに決まる要素に

着目することができるようにすることが大切である。また，二つの図形が相似かどうか確かめる場合に，調べる辺や角ができるだけ少なくなるような組み合わせに着目できるようにすることが大切である。

新しい視点で古いものを捉え直すことも大切なことである。相似と合同の関係や，三角形の相似条件と三角形の合同条件の関係を捉えることができるようにしたい。例えば，三角形の相似条件から三角形の合同条件をみれば，形が同じ三角形の大きさを等しくするために，どのように条件を強めているのかということに着目するのである。

2　相似な図形の相似比と面積比や体積比との関係

「基本的な立体の相似の意味及び相似な図形の相似比と面積比や体積比との関係について理解すること」（B(1)ア(イ)）の学習指導に当たって二つの点に留意したい。

まず，立方体，直方体，柱体，錐体，球などの基本的な立体を対象に，立体の相似を，平面図形の相似から類推することである。相似な立体では，対応する角の大きさは全て等しく，対応する線分の長さの比は全て等しい。この対応する線分の長さの比が，相似な立体の相似比となる。また，相似な立体を構成する面に着目すれば，対応する面は相似で，その相似比は立体の相似比に等しい。

次に，図形の計量的な側面に着目して図形の特徴を考察することである。図形の計量的な側面は，図形を理解するために欠かせないものである。相似な図形についての相似比，面積比，体積比，あるいはこれらの関係などの学びを，図形の特徴を計量的に捉えて考察するという文脈に位置付けたい。相似な図形では，対応する線分の長さの比は相似比に等しい。相似な平面図形の面積比は相似比の2乗に等しく，相似な立体の体積比は相似比の3乗に等しい，ということを観察，操作や実験などの活動を通して理解できるようにすることが大切であ

なお,「相似な図形の性質を具体的な場面で活用すること」（B(1)イ(ウ)）に関わって,相似比,面積比,体積比の関係を具体的な場面で活用する学習においては,相似比を基に面積比や体積比を求めることと,面積比や体積比を基に相似比を求めることの両面に配慮したい。例えば,前者の例として,相似な立体とみられる二つの商品について,相似比を基にその面積比や体積比を求め,価格比と組み合わせて割安さを考察することが考えられる。後者の例として,コピー機の縮小,拡大の仕組みを考察することが考えられる。Ａ４判をＡ３判,あるいはＢ５判をＢ４判に拡大するとき,用紙の規格は異なるものの面積が２倍になることから,拡大倍率は$\sqrt{2}$を基にした141％になる。いずれの場合も,どこでどのように相似比,面積比,体積比の関係を用いているのかを「明らかに」することが大切である。

3　累積的な学習指導と内容に依存した学習指導

　「三角形の相似条件などを基にして図形の基本的な性質を論理的に確かめること」や「平行線と線分の比についての性質を見いだし,それらを確かめること」（B(1)イ(ア)及び(イ)）の学習指導に当たって留意したいことは,大きく三つある。

　まず,論理的に確かめることに関わって,証明や数学的推論の意義や証明の構想についての第２学年からの累積的な学習指導である。証明の意義に関わって,例えば,ある事柄が常に成り立つことを明らかにする,証明の前提や根拠に着目して新たな性質を見いだしたり既知の性質を整理したりするなど,数学的探究における証明の役割を理解し,証明を用いることができるようにすることが大切である。そのために,第２学年に引き続き,「証明する」に対しての証明を使う,あるいは「証明を書く」に対しての証明をよむ,それぞれの経験を積む

ことが必要である。また，証明の構想を自ら立てられるようにすることが大切である。第２学年での学びを踏まえて，証明するために，結論を導くための事柄を結論から遡って考えたり，仮定から導かれる事柄を仮定から辿って考えたり，これらをつなげるために何が必要かを考えたりすることができるようにしたい。

さらに，第３学年の目標(2)に位置付けられている「<u>図形の構成要素の関係に着目し，図形の性質や計量について</u>論理的に考察し表現する力」（下線は引用者）を養う点を見逃さないようにしたい。辺の長さや角の大きさを求めるなど計量もまた，論理的に考察し表現する対象となっているのである。三角形の相似条件や平行線と線分の比についての性質など，常に成り立つと既に認められている事柄を推論の根拠として，与えられた条件から辺の長さや角の大きさなどの計量を導き，その数学的な推論の過程を他者に伝わるように分かりやすく表現できるようにすることが大切である。第２学年に引き続き，角の大きさなどを求めることのみにとどまることなく，生徒が推論の根拠として用いられている図形の性質を「明らかに」することが大切である。

最後に，平行線と線分の比についての性質を，観察や操作などの活動を通して見いだすことができるようにすることである。このとき，「平行線と線分の比についての指導では，見いだした性質を別々のものとしたままにせず，統合的・発展的に考えることが大切である」（解説p.145）という指摘は肝要である。統合について，例えば，「△ＡＢＣの辺ＡＢ，ＡＣ上に，それぞれ点Ｐ，Ｑがあるとき，ＰＱ//ＢＣならば，ＡＰ：ＡＢ＝ＡＱ：ＡＣ＝ＰＱ：ＢＣ」であることを見いだし，平行線の性質や三角形の相似条件に基づいて論理的に確かめる。その後，辺を線分に変え，「線分ＡＢ，ＡＣの延長線上にそれぞれ点Ｐ，Ｑがあるとき，ＰＱ//ＢＣならば，ＡＰ：ＡＢ＝ＡＱ：ＡＣ＝ＰＱ：ＢＣ」が成り立つか探究する。これらを「直線ＡＢ，ＡＣ上にそれぞれ点Ｐ，Ｑがあるとき，ＰＱ//ＢＣならば，ＡＰ：ＡＢ＝

ＡＱ：ＡＣ＝ＰＱ：ＢＣ」と統合したり，中点連結定理をこの特別な場合に位置付けたりするのである。なお，平行線と線分の比についての性質が生徒にとって使えるものとなっているという視点から大切なことは，「△ＡＢＣの辺ＡＢ，ＡＣ上に，それぞれ点Ｐ，Ｑがあるとき，ＰＱ／／ＢＣならば，ＡＰ：ＡＢ＝ＡＱ：ＡＣ」と「△ＡＢＣで，辺ＡＢ，ＡＣ上に，それぞれ点Ｐ，Ｑがあるとき，ＡＰ：ＡＢ＝ＡＱ：ＡＣならば，ＰＱ／／ＢＣ」との区別など，命題とその逆の命題との区別である。

4　円周角と中心角の関係

「円周角と中心角の関係を見いだすこと」（B(2)イ(ア)）の学習指導に当たって二つの点に留意したい。

まず，「一つの円において同じ弧に対する円周角の大きさは等しい」ことを観察や操作などの活動を通して見いだすことである。そのために，一つの弧に対する様々な円周角をつくり，その大きさを測定し，比較し予測することを大切にしたい。弧を変えて調べるなども考慮し，タブレット型端末上でGeoGebraなど動的幾何ソフトウェアを生徒が利用することも留意したい。

次に，関数の考えを生かすことである。例えば，円周角と中心角の関係に着目する文脈において関数の考えを生かすことが考えられる。まず，「一つの円において同じ弧に対する円周角の大きさは等しい」ことを，一つの円において，円周角の大きさは弧によって決まると位置付け直す。次に，一つの円において弧は何によって決まるのか，あるいは弧によって決まるものは他にないのかを探究し，その一つとして中心角に着目し，円周角と中心角の関係を観察や操作によって探究する。このような探究の結果，「一つの円において同じ弧に対する円周角の大きさは，その弧に対する中心角の大きさの半分である」こと

を見いだすことが考えられる。もちろん，円周角と中心角の関係を見いだした後に，関数の考えを生かして振り返り，弧，円周角，中心角の関係を上述のように位置付け直すことも考えられる。

なお，「円周角と中心角の関係の意味を理解し，それが証明できることを知ること」（B(2)ア(ア)）の学習指導においては，「円周角と中心角の位置関係に関する場合分けの必要性を理解することがねらいではなく，証明のよさを理解できるようにすることがねらいである」（解説p.148）ことに留意したい。したがって，証明を読むことを通して，これまでも根拠として用いてきた「二等辺三角形の底角は等しい」や「三角形の一つの外角は内対角の和に等しい」などを推論の根拠として，円周角の定理を証明することができるということを生徒が理解できるようにすることが大切である。

さらに，「円周角と中心角の関係を具体的な場面で活用すること」（B(2)イ(イ)）が大切である。円周角の定理の逆（内容の取扱い(4)）も具体的な場面で活用することに重きが置かれている。これらは，第3学年の目標(3)「数学的活動の楽しさや数学のよさを実感して粘り強く考え，数学を生活や学習に生かそうとする態度」を養うためにも欠かせない。例えば，円外の1点から円の接線を作図することや，「さしがね」の角目を用いて丸太の直径を読みとることなどが考えられる。その際，どこでどんな円周角と中心角の関係がどのように用いられているのかを「明らかに」することが大切である。

5　三平方の定理

「三平方の定理を見いだすこと」（B(3)イ(ア)）及び「三平方の定理の意味を理解」（B(3)ア(ア)の一部）することの学習指導に当たって，留意したいことは，三つある。

まず，直角三角形の特徴を，計量的な側面に着目して捉えようとし

ていることへの留意である。そのために，方眼紙のマス目を利用して直角三角形をかき，各辺を一辺とする正方形の面積に着目し，三つの正方形の面積の関係を，予測することが大切である。

次に，三平方の定理は，「直角三角形の3辺の長さの関係を表したものであるとともに，直角三角形のそれぞれの辺を一辺とする三つの正方形の面積の間には，常に一定の関係が成り立つということも表している」（解説p.150）ことへの留意である。それゆえ，数式として表現される内容と図形として表現される内容を関係付けることが大切である。

三角形の決定条件との関係も配慮したい。三平方の定理，あるいは三平方の定理の逆を，三角形が決まるという視点から位置付け直すことが考えられる。合同な三角形を能率的にかくには，三つの辺と三つの角を全て用いなくても，三つの辺の長さが決まれば三角形が一つに定まること，二つの辺の長さとその間の角の大きさが決まれば三角形が一つに定まること，直角三角形に限れば斜辺と他の一辺の長さが決まれば直角三角形が一つに定まることなどに着目してきている。「三角形の形を一つに定めるために用いた要素によって，用いなかった他の要素はどのように決まるのか」についての部分的な解答を，三平方の定理の逆，あるいは三平方の定理は与えてくれるのである。

三平方の定理は，ユークリッド平面における2点間の距離を定める際に欠かせないものであり，測量をはじめ活用範囲が極めて広いものである。三平方の定理は，数学の事象や日常や社会の事象など世界を見たり考えたりするためのツールなのである。それゆえ，「三平方の定理を具体的な場面で活用すること」（B(3)イ(イ)）が大切である。例えば，円錐の高さやロープウェイのロープの長さを求めることが考えられる。その際，まず，求めたいものを直接測ることができないとき，直角三角形に着目し，三平方の定理を活用することによって求めることができるということを実感できるようにしたい。また，解決に

必要な直角三角形を見付けたり，作り出したりすることが重要である。さらに，現実場面の理想化・単純化に伴う制約や限界への対応も視野に入れたい。例えば，ロープウェイのロープの長さを，地図上に表された標高差のある２地点間の距離として，理想化・単純化して求めることが考えられる。この際，ロープはたわむため，最短線を与えるという直線の性質に基づき，２地点間の距離として得られた値よりも，ロープの長さは大きくなると判断できることも大切にしたいことである。

【参考文献】
○文部科学省『中学校学習指導要領解説 数学編』（平成29年７月）2017年 2017.12.22. Retrieved from http://www.mext.go.jp/component/a_menu/education/micro_detail/__icsFiles/afieldfile/2017/07/25/1387018_4_1.pdf

C 関　数

 第3学年の「関数」の指導では，どのようなことに気を付けたらよいですか。

1　関数 $y = ax^2$ について理解すること

　y が x の関数で，かつ，y が x の二次式で表されるとき，y は x の二次関数であるという。中学校第3学年で学習する関数 $y = ax^2$ は，言うまでもなく二次関数の特殊の場合であり，二乗に比例する関数という呼び方からも分かるように，関数 $y = ax^2$ は比例と関連付けて扱うことになる。また，中学校で学習する関数は全て，適切に変数を変換することによって比例に帰着できる関数であり，反比例，一次関数，関数 $y = ax^2$ は全て比例で統合できる。このような，統合的な見方を養うことも大切である。

　また，y が x の関数で，変化の割合（y の増加量／x の増加量）が一定であるものが一次関数であるのに対し，変化の割合が一次式で表されるものが二次関数である。つまり，二次関数の変化の割合は一定でなく，x の値が1だけ増加したときの y の増加量は一定の値ずつ増加（または減少）する。物体の落下運動などの等加速度運動がその具体的な事象の代表例に挙げられる。

　指導に当たっては，物体が斜面を転がる場面など，具体的な事象の中から二つの数量 x，y を取り出し，表を用いてそれらの変化や対応の様子を調べる活動を通して，次の事柄を見いだす場面を設定することが考えられる。

　　・x の値が m 倍になれば，y の値は m^2 倍となること

- x の値に対応する x^2 の値を考えれば，x^2 と y は比例関係にあること（x^2 の値が m 倍になれば，y の値は m 倍となることや，x^2 と y の商が一定であること）。
- x の値が 1 だけ増加したときの y の増加量は一定の値ずつ増加（または減少）すること。
- x^2 の値が 1 だけ増加したときの y の増加量は一定であること。

このような活動を通して，伴って変わる二つの数量の間の関係には，比例や反比例，一次関数とは異なる関数関係があることや，2乗に比例する関数は一般に，a を定数として $y = ax^2$ という式で表されることを理解できるようにすることが考えられる。

2 表，式，グラフを相互に関連付けて考察し，表現すること

関数 $y = ax^2$ の学習指導においても，これまでの関数の学習と同様に，表において x と y の間の変化や対応の様子をつかみ，式で対応関係を表したり，グラフによって変化の様子を視覚的に捉えたりする。また，表，式，グラフを相互に関連付けることで，関数 $y = ax^2$ の特徴についての理解を深めることも，これまでの関数の学習と同じである。

例えば，関数 $y = ax^2$ のグラフが，原点を通り y 軸に対称なグラフになることや，原点を含んで x 軸よりも上もしくは下にしか現れないことは，x の2乗という式の特徴から説明することができる。また，グラフの開く方向や開き具合は，比例定数 a の符号と絶対値の大きさに関連付けて説明することができる。さらには，グラフが曲線になることは，変化の割合が一定でないことから説明することができる。このように，関数の指導においては，第1学年や第2学年でも大切にしてきたように，表，式，グラフが，関数の変化と対応の特徴をつかむ手立てとなるように，相互に関連付けて考察し表現することができるように指導することが大切である（解説p.153）。

また，生徒にとって関数 $y = ax^2$ の学習は，式で表示できる関数の中で，関数の値の増減が変わる（極値をもつ）関数に初めて出会う場面でもある。それゆえ，関数 $y = ax^2$ の変域の指導には特に注意を払う必要がある。ここでも，式での形式的な指導に偏るのではなく，表やグラフと関連付けて指導することが大切である。

3 いろいろな事象の中に，関数関係があることを理解すること

関数の意味については，第1学年で既に学んできており，第3学年では，これまでの学習の上に立って，比例，反比例，一次関数，関数 $y = ax^2$ とは異なる関数関係について学習する。

関数の意味の理解については，例えば全国学力・学習状況調査（以

> 9 下のアからオまでの中に，y が x の関数であるものがあります。正しいものを1つ選びなさい。
> 　　ア　生徒数が x 人の学校の校庭の面積 y m²
> 　　イ　底面積が x cm² の直方体の体積 y cm³
> 　　ウ　身長が x cm の人の体重 y kg
> 　　エ　自然数 x の倍数 y
> 　　オ　整数 x の絶対値 y

図9　平成25年度全国学力・学習状況調査　中学校数学A 9

> 9 下のアからエまでの中に，y が x の関数でないものがあります。それを1つ選びなさい。
> 　　ア　1枚10円のコピーを x 枚とったときの料金は y 円である。
> 　　イ　縦の長さが x cm，横の長さが y cm の長方形の面積は 24 cm² である。
> 　　ウ　15Lの水を x L使ったときの残りの水の量は y Lである。
> 　　エ　x 歳の人の身長は y cm である。

図10　平成27年度全国学力・学習状況調査　中学校数学A 9

下本節において「全国調査」）H25A⑨やH27A⑨で，それぞれ図9と図10のような問題が出題されており，正答率はそれぞれ13.8％と81.7％であった。H25A⑨では，「自然数xの倍数y」や「底面積がx cm^{2}の直方体の体積y cm^3」を選択した生徒の割合がそれぞれ35.3％，34.1％と高く，yがxの関数であることの理解に課題があることが分かる。誤答を選択した生徒の中には，y＝（整数）×xや，y＝（高さ）×xのような式を考え，「yをxの式に表すことができるのでyはxの関数である」と考えた生徒が少なからずいたと考えられる。また，正答率が8割を超えているH27A⑨においても，「一方を決めれば他方が一つに決まるかどうか」といった一意対応を根拠に，正答の（関数ではない）「x歳の人の身長はy cmである」を選択しているとは限らず，「yをxの式で表せるかどうか」を関数判断の根拠としている生徒は少なくないと考えられる。それゆえ，第3学年では，これまでの学習の上に立って，比例，反比例，一次関数，関数y＝ax^2とは異なる関数として，特に式に表すことが困難な関数を学ぶことで，関数の概念の広がりを実感できるようにすることが大切である（解説p.153）。

また，その際には，変数間の依存関係を明確にし，独立変数と従属変数の違いを認識できるようにすることも大切である。例えば，全国調査H26A⑨では，図11のような問題が出題されており，正答率は36.7％であった。誤答では，独立変数と従属変数を逆に回答した生徒の割合が30.0％，無解答の生徒の割合が17.5％であった。一意対応の理解の他に，独立変数と従属変数の違いを認識し，その関係を「△△は○○の関数である」と表現することに課題があることが分かる。

指導に当たっては，重量を決めると料金がただ一つに決まるが，料金を決めても重量がただ一つに決まらないことや，どのような数量を調べようとして，どのような数量を考えているのかといった，数量の関係を考える目的を確認することで，重量と料金の関係を「料金は重

第3章　各学年の内容

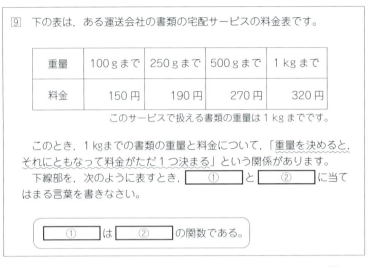

図11　平成26年度全国学力・学習状況調査　中学校数学A⑨

量の関数である」の形で表現する活動を取り入れることが考えられる。なお，独立変数と従属変数の違いについては，関数 $y = ax^2$ のように，x を決めると y が決まるが，y を決めても x が決まらない関数で改めて考察し，より一層理解が深められるようにすることも考えられる（国立教育政策研究所，2014）。

4　具体的な事象を捉え考察し表現すること

関数の必要性や意味を理解するためには，具体的な事象との関わりの中で関数を学習することが大切である。関数 $y = ax^2$ に関わる具体的な事象としては，例えば，斜面を転がる物の運動や車の制動距離，噴水の水が作る形，パラボラアンテナなど，身近に感じたり目にしたりすることができるものがある。こうした事象を関数 $y = ax^2$ を用いて捉え説明することを通して，関数関係を見いだし考察し表現する力を養うことが大切である（解説p.154）。

関数 $y = ax^2$ を用いて具体的な事象を捉え説明する際には，第１学年や第２学年での学習と同様に，観察や実験などによって取り出した二つの数量について，事象を理想化したり単純化したりすることによって，それらの関係を関数 $y = ax^2$ とみなし，事象を捉え説明する活動を設定するこ

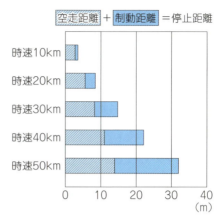

図12　空走距離と制動距離
（重松ほか，2016b，p.120）

とが大切である（解説p.154）。その際，これまでと同様に，何を明らかにしようとするかという目的意識をもち，事象を数学の舞台にのせる過程を生徒自身が体験することや，なぜそのように予測できるのかといった，予測の根拠を筋道立てて説明し伝え合う活動を取り入れることも大切である。

　例えば，車のスピードと空走距離や制動距離の関係を考察する際には，実験によるデータを基に，それらの変化や対応の様子を表で考察したり，座標平面上に点をとってどのような図形上に点が並ぶのかを観察したりすることが考えられる。時速 x kmのときの空走距離 y mについて，x と y の値の組を座標とする点を座標平面上にとったとき，それらの点はほぼ原点を通る直線上に並んでいることや，表において x の値が１だけ増加したときの y の増加量がほぼ一定であること，y の増を x の値で割ったときの商がほぼ一定であることなどから，空走距離は速さに比例すると見なすことは，これまでの学習の学び直しの機会を与える。また，制動距離についても同様に，時速 x kmのときの制動距離 y mについて，x と y の値の組を座標とする点を座標平面上にとったとき，それらの点がほぼ放物線上にあること

や，表において x の値が1だけ増加したときの y の増加量がほぼ一定の値ずつ増加していること，y の増を x^2 の値で割ったときの商がほぼ一定であることなどから，制動距離はスピードの2乗に比例するとみなし，実験データとして与えられていない速度の場合の空走距離を予測し，その理由を筋道立てて説明し伝え合う活動を取り入れることが考えられる。

また，現実の事象だけでなく，数学の事象として，面積や体積を扱うことも考えられる。例えば，円の面積を求める公式 $S = \pi r^2$ を「Sは r の2乗に比例する関数」とみることによって，「半径が m 倍になれば面積は m^2 倍になる」ことが分かり，相似比と面積比の関係の理解を深めることもできる。このように，関数関係に着目し，その特徴を表，式，グラフを相互に関連付けて考察し，表現できるようにすることが大切である（解説p.154）。

【参考文献】
- 飯田慎司「『関数』領域の指導」数学教育研究会（編）『新訂 数学教育の理論と実際〈中学校・高等学校（必修）〉』聖文新社，2010年，pp.163-183
- 國本景亀「関数的見方・考え方」岩合一男（編）『算数・数学教育学』福村出版，1990年，pp.104-114
- 国立教育政策研究所『平成19年度 全国学力・学習状況調査【中学校】調査結果概要』2007年
- 国立教育政策研究所『平成20年度 全国学力・学習状況調査【中学校】調査結果概要』2008年
- 国立教育政策研究所『平成21年度 全国学力・学習状況調査【中学校】調査結果概要』2009年
- 国立教育政策研究所『平成25年度 全国学力・学習状況調査【中学校】調査結果概要』2013年
- 国立教育政策研究所『平成26年度 全国学力・学習状況調査【中学校】調査結果概要』2014年
- 国立教育政策研究所『平成27年度 全国学力・学習状況調査【中学校】調査結果概要』2015年
- 国立教育政策研究所『平成28年度 全国学力・学習状況調査【中学校】調査結果概要』2016年

○重松敬一ほか（2016a）『中学数学２』日本文教出版，2016年
○重松敬一ほか（2016b）『中学数学３』日本文教出版，2016年
○平岡忠「関数概念の指導」赤攝也（編）『算数・数学教育の理論と構造』学習研究社，1980年，pp.262-279
○文部科学省『中学校学習指導要領解説 数学編』（平成20年９月）2008年
○文部科学省『中学校学習指導要領解説 数学編』（平成29年７月）2017年

D　データの活用

 新設された「データの活用」の内容と指導のポイントについて教えてください。

1　標本調査の必要性と意味の理解

　分析したいデータを全て集めることは，様々な制約があって難しいことが多くある。そこで，全体から一部のデータを取り出して傾向を調べることによって，データ全体の特徴を推定する標本調査が有効に働く。工場における品質検査や選挙の出口調査など，社会では幅広く標本調査が行われていることに目を向けさせたい。また，標本調査が必要である理由も考えさせたい。例えば，缶詰工場における缶詰の内容量が規定を満たしているかを検査する場合は，缶詰全てに対して全数調査を行うと製品にする缶詰がなくなってしまう。また，選挙の出口調査では，全数調査を行うと時間や調査費用がかかりすぎる。このように，標本調査の必要性と意味を理解するためには，全数調査を行うとどのような問題が起こるかについて生徒に考えさせるとよい。

2　コンピュータなどの情報手段を用いた標本の収集と整理

(1)　標本データの収集

　標本調査では一部を取り出したデータが全体の縮図になるように，母集団から偏りなく無作為に取り出すことが大切である。
　単純無作為抽出法では，乱数表や乱数さいで乱数をつくって無作為に取り出す方法を理解するとともに，乱数を発生させる背景には確率

の考え方(乱数表は0から9までの数字を無作為で出現の確率が同じになるように並べていること。乱数さいの正二十面体はどの目も等確率であること)を用いていることを理解できるようにしたい。この上に立って,標本を抽出する時間を節約する場面で,関数電卓やコンピュータの表計算

	A
1	73
2	71
3	37
4	82
5	4
6	100
7	34
8	42
9	57
10	=RANDBETWEEN(1,100)

資料1　Excelで乱数をつくる

ソフト等を使って乱数を出すようにしたい。Excelを用いて乱数を発生させる方法は,次のとおりである。例えば,100個の資料から10個の資料を選び出すためには,母集団の100個のデータにそれぞれ1から100までの番号をつけておき,RANDBETWEEN関数を用いて資料1のようにA1からA10のセルに「=RANDBETWEEN (1,100)」と入力すれば1から100までの乱数が自動的に発生するので,その番号のデータを標本とすればよい。また,インターネット上にも乱数を生成するサイトがあるが,どちらにしても乱数を発生させる過程がブラックボックスとなるので,乱数や無作為に抽出することの意味を理解してから用いることが大切である。

　インターネット上で行われている「センサス@スクール」(http://census.ism.ac.jp/cas/)に参加登録をして,生徒自らのデータを用いた参加型の標本調査を行うことも考えられる。データを入手したりグラフ化したりするだけならば参加登録をせずに日本国内の生徒のデータ(都道府県名,血液型,利き腕,テレビの視聴時間,身長,右足のサイズ,通学手段,スポーツ等)を利用することができる。ダウンロードする際には,必要なサンプルの数を入力すると(上限は200件),登録されているデータから無作為に抽出され,グラフを描画したりcsv形式でファイルをダウンロードしたりすることができる。

(2) 標本データの整理

収集した標本データをグラフ化して考察することが大切である。例えば，母集団の平均値は標本平均から推定することができ，標本の大きさが大きいほど，標本平均は母集団の平均値に近づくことを確かめる場面を考えてみる。表1のように，静岡市の日平均気温の1月の平均値（1940～2017年）のデータを母集団と考えて，標本を5個取り出して（標本の大きさ5の）標本平均を求め，この実験を10回繰り返す。同様に，標本を20個取り出して（標本の大きさ20の）標本平均を求め，この実験を10回繰り返す。以上の実験結果をまとめた例が表2である。この実験結果から標本平均の分布（散らばり）を比べるためには，ヒストグラムや箱ひげ図が有効である。資料2は箱ひげ図を使って実験結果を視覚化したものであり，標本の大きさ5に比べて標本の大きさ20は，箱とひげの長さが短く，中央値は母平均に近いこと

表1　静岡市日平均気温の1月の平均値（℃）

ID	1	2	3	4	5	……	75	76	77	78	
年	1940	1941	1942	1943	1944		2014	2015	2016	2017	平均値
1月	4.4	6.6	4.8	3.5	5.0		7.2	6.9	7.1	7.2	6.2

気象庁　http://www.data.jma.go.jp/obd/stats/etrn/index

表2　標本平均を求める実験を10回繰り返した結果例

	1回目	2回目	3回目	4回目	5回目	6回目	7回目	8回目	9回目	10回目
標本の大きさ5の標本平均	5.7	6.4	5.9	5.1	6.0	6.2	6.9	6.6	6.0	5.8
標本の大きさ20の標本平均	5.9	6.1	6.5	6.7	6.2	6.0	6.0	6.2	6.4	5.6

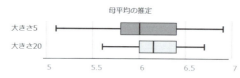

資料2　10回の標本平均の分布（statboxで作成）

が分かる。つまり、標本の大きさ20の10回実験したそれぞれの標本平均は、母集団の平均値に近いものが多い。以上のように、既習事項である箱ひげ図を用いることによって、標本調査の精度を検討することができる。

3　標本調査の方法や結果を批判的に考察すること

(1)　標本調査の方法を批判的に考察すること

　標本調査の方法は2(1)で示したように、一般的には単純無作為抽出法を用いるが、諸条件によって、様々な抽出法が使われている。

　系統抽出法（等間隔抽出法）は母集団の全てに通し番号をつけて、標本を等間隔で機械的に抽出する方法である。例えば、最初に乱数表などを用いてリストの「10番目」を抽出したら、それ以降は取り出したい標本数に応じて「10, 25, 40, 55…番目」のように機械的に抽出していく方法であり、抽出の労力と時間がかからない。しかし、データが等間隔にはずれ値（不良品等）があった場合に見つけることができないことが起こりえる。

　多段無作為抽出法は、何らかの基準によって多段階に分けて抽出を行い、標本を作成する方法である。例えば、全国から500世帯を選定する場合、まず47都道府県から五つの都道府県を無作為に抽出する（第1段）。次に、抽出された各都道府県の市区町村を無作為に四つずつ、つまり20市区町村を抽出する（第2段）。最後にその抽出された20市区町村からそれぞれ25世帯を無作為に抽出する（第3段）ことで、500世帯の標本をつくることができる。この方法は個人や世帯を調査対象者とする全国規模の調査員訪問調査でよく行われており、地域を絞ることで手間やコストを削減できるという利点があるが、標本の大きさが小さい場合、標本に偏りが生じる可能性がある。

　また、最近ではインターネットによる調査（web調査）が盛んであ

る。大量の調査結果を「安く」「早く」入手できるが，インターネットユーザーからの回答に限られるため，インターネットを利用することが少ない年齢層等の情報が集まらない。したがって，調査の目的によっては，正確な調査結果につながらない可能性がある。

以上のように，標本調査の方法を批判的に考察することができるような教材の設定と発問の工夫を行う必要がある。

(2) 標本調査の結果を批判的に考察すること

社会では様々な標本調査が行われている。その調査結果を鵜呑みにせずに批判的に考察する態度を養う必要がある。標本調査では，「母集団」「標本」「標本の大きさ」「標本データの整理方法（代表値，表，グラフ等）」「考察（解釈）」について，批判的に考察することが大切である。例えば，睡眠時間の調査を行うことを計画する際に，傾向を把握したいのは「自分の学校」なのか，「自分の市町村の中学校」なのかなど，何を母集団とするのかをはっきりさせることが大切である。また，睡眠時間のアンケート調査の質問が誘導的でないかどうかや，3(1)で述べたように抽出する標本の方法が的確かどうか判断することが大切である。

ビデオリサーチによる視聴率調査では，関東地区で900世帯を調査対象として系統抽出している。関東地区のエリア内総世帯数を1800万世帯であるとして，

$$18000000 \div 900 = 20000$$

より，2万世帯ごとに対象世帯を選んでいる。このように選ばれた対象世帯による視聴率は，標本調査であるために誤差がある。例えば，ある番組の視聴率が20％であったとすると視聴率の誤差（信頼度95％）は，高校で学ぶ推測統計における標本比率の推定の公式を利用すると，

$$\pm 1.96 \sqrt{\frac{0.20 \times (1-0.20)}{900}} \fallingdotseq \pm 0.026$$

となり，約±2.6％の誤差がある。すなわち，視聴率が20％の番組と

21%の番組では差が1%あることについて一喜一憂することはあまり意味がない。公式を指導する必要はないが、標本調査では一部を調査しているため誤差がついて回ることを理解できるように指導したい。

4　標本調査を行い母集団の傾向を推定し判断すること

　第1学年・第2学年と同様，85ページ（中1）の表2のように，問題を解決するために統計的に解決が可能な課題設定を行い，計画を立てて（質問紙づくりや既存データの収集方法），標本となるデータを収集・整理し，ICTを活用して統計グラフを作成したり四分位範囲や代表値（平均値，中央値，最頻値）等を求めたりして分析し，分析した結果から母集団の傾向を推定する，といった一連の活動を行う。

　また，母集団の数量を推定する際に，比例の考えを用いることができるようにする。例えば，「ある英和辞典に掲載されている見出しの単語数」を標本調査で調べる際に，この英和辞典が1000ページであるとすると，20ページを無作為に抽出したそれぞれのページに掲載されている単語の数を調べて平均値a（語）を求める。調べていないページも同じ平均値になるとみなして，この英和辞典に掲載されている見出しの単語数を$a \times 1000$（語）と推定する。また，「ある工場で生産される製品のうちの不良品の個数」を標本調査で調べる際に，ある日に10000個の製品を生産しており，このうち無作為に200個を抽出したときに3個が不良品であったとき，この日の不良品の個数xを$3:200 = x:10000$から計算して推定する。このような比例の考えを用いて数量を推定する方法について，小学校第6学年や中学校第1学年の比例の単元における「紙の厚さが10cmの紙の枚数を求めるのに，1cmの紙の枚数を求めて10倍する」といった活動を振り返り，同じ見方・考え方が働いていることを実感させたい。

【参考文献】
- 青山和裕「初等・中等段階の統計指導におけるセンサス@スクールサイトの利用方法について」統計教育実践研究第8巻，統計数理研究所，2016年
- 「What's 視聴率？」ビデオリサーチ（URLは，2017年8月確認）
  http://www.videor.co.jp/tvrating/pdf/handbook.pdf
- 松元新一郎『中学校数学科　統計指導を極める』明治図書出版，2013年

第5節 数学的活動

1 これまでの数学的活動

Q 「数学的活動」はどう変わりましたか。

(1) 学習指導要領における位置付け

　中教審答申では，これからの算数・数学科の目標の在り方として，小・中・高等学校教育を通じて育成を目指す資質・能力を三つの柱に沿って明確化し，各学校段階を通じて，実社会との関わりを意識した数学的活動の充実等を図っていくことが求められている。つまり，数学的活動の充実を目指すという意味において，新学習指導要領は現行学習指導要領と軌を一にしている。

　ところで，数学的活動はいつから学習指導要領に登場し，その充実が求められるようになったのだろうか。ここでは，数学的活動のこれからを考える前提として，その登場の経緯を振り返っておきたい。

　数学的活動は，平成10（1998）年に告示された前学習指導要領の教科の目標に初めて登場した。その全文は以下のとおりであり（下線は著者による），「数学的活動」の記述はこの一か所のみで，学習指導要領の内容等では一切触れられていない。

　　数量，図形などに関する基礎的な概念や原理・法則の理解を深

> め，数学的な表現や処理の仕方を習得し，事象を数理的に考察する能力を高めるとともに，<u>数学的活動の楽しさ</u>，数学的な見方や考え方のよさを知り，それらを進んで活用する態度を育てる。

　注意したいのは，数学的活動が「楽しさ」という言葉と共に目標に位置付けられたことである。前学習指導要領解説では，この点について，学習指導要領改訂の前提となった教育課程審議会（当時）の答申において，算数・数学科の改善の基本方針として，「実生活における様々な事象との関連を考慮しつつ，ゆとりをもって自ら課題を見つけ，主体的に問題を解決する活動を通して，学ぶことの楽しさや充実感を味わいながら学習を進めることができるようにすることを重視」することが求められたことを受けたものと説明している。「学ぶことの楽しさや充実感」が注目されたのは，当時の社会情勢によるところが大きい。当時，日本の中学生の数学の学力は，国際的な学力調査で常にトップレベルにあった。しかし同時に行われていた意識調査の結果から，日本は数学を肯定的に受けとめている子供の割合が，調査対象国の中で最も低い国であることも明らかになっていたのである。日本の中学生は数学の学力面では国際的に上位にありながら，数学を学ぶことを楽しんでいないという皮肉な結果に陥っていたのである。数学的活動の登場は，こうした子供の学びの状況の変革を意図したものであった。

(2) 「楽しさ」の意味するもの

　ここで注意しなければならないのは，「楽しさ」とは何に対する楽しさなのかということである。もちろん，それは学ぶことの楽しさであるが，教師が「学ぶこと＝学習活動＝子供たちが話し合ったり，発表したりする活動」と捉え，表面的な活動の楽しさにだけ目を向けていると本質を見失いかねない。この点について，現行学習指導要領解

説では，教師が，数学的活動を通して子供にどのような知的成長がもたらされるかという質的側面にも目を向ける必要があるとの指摘がなされている。すなわち，教師が楽しく活動できるようにする指導にとどまらず，子供が今まで分からなかった何かが分かったり，今までできなかった何かができるようになったりする指導を目指し，その質的変化を子供自身が実感できるようにする指導の実現を志向することが求められているのである。そのためには，「考えることの楽しさ」を指導の過程で一層重視していくことが大切になる。

ところで，前述したとおり，平成10年の学習指導要領改訂の時点で，数学的活動を通して，子供が自ら課題を見つけ，主体的に問題を解決する活動を重視するという新学習指導要領と変わらぬ視点が設定されていた事実は大変興味深い。前学習指導要領から現行学習指導要領に引き継がれ，今また新学習指導要領に受け継がれようとしている数学的活動に「楽しさ」は意図されているだろうか。教師一人一人が自分の実践を振り返り，改めて問い直してみる必要があるのではないだろうか。

2 これからの数学的活動

(1) 教科の目標と内容における位置付け

ここでは，新学習指導要領の教科の目標と内容の記述において，数学的活動がどのように位置付けられているかを，現行学習指導要領と比較することで確認しておこう。

まず，教科の目標においては，第2章の第1節でみたように，目標の構成自体は大きく変更されているものの，「数学的活動を通して」その実現を図ろうとしていることや，前述した「数学的活動の楽しさ」を子供が実感できるようにすることを目指している点で現行学習指導要領と数学的活動の位置付けに変更はない。

内容においても，4領域に加えて「〔数学的活動〕」が設定されている点で変更はないが（内容等の具体的な変更点については後で検討する），新学習指導要領では，各領域の記述に，「数学的活動を通して，次の事項を身に付けることができるよう指導する」という表現が繰り返し用いられている点で，現行学習指導要領とは大きく異なっている。既に教科の目標で，数学的活動を通して資質・能力の育成を目指すことを示しているのだから重複感は否めないが，教師に対し，数学的活動を通した指導の必要性を一層強調したということであろう。こうした変更の結果，新学習指導要領全体における「数学的活動」という表現の出現回数は39回に達している。これは，平成10年告示の前学習指導要領の1回，平成20年告示の現行学習指導要領の12回を大きく上回るものになっている。

(2) 「〔数学的活動〕」の構成

次に，「〔数学的活動〕」の内容がどのように変更されたのかみてみよう。次ページの表は，現行学習指導要領と新学習指導要領における「〔数学的活動〕」の内容を，現行学習指導要領を基準にまとめたものである。

例示されている活動が，ア，イ，ウの3種類であることや，ア，イ，ウの活動がいずれも第1学年と第2，3学年の2種類に書き分けられている点は，現行学習指導要領と新学習指導要領で共通している。第2学年と第3学年を共通の内容にしているのは，教師が子供の発達の段階や指導する中学校数学科の内容に配慮し，長期的な見通しをもって指導する必要があることを意図している。教師には，子供が自立的，主体的に数学的活動に取り組む機会を意図的・計画的に設けることを求めているのである。

これに対し，ア，イ，ウの活動を提示する順序には変更が加えられている。現行学習指導要領で示されている各活動は，「ア　数や図形の性質などを見いだす活動」「イ　数学を利用する活動」「ウ　数学的

第5節　数学的活動

活動	学年	現行学習指導要領	新学習指導要領
見いだす活動	1年	ア　既習の数学を基にして，数や図形の性質などを見いだす活動	イ　数学の事象から問題を見いだし解決したり，解決の過程や結果を振り返って統合的・発展的に考察したりする活動
見いだす活動	2・3年	ア　既習の数学を基にして，数や図形の性質などを見いだし，発展させる活動	イ　数学の事象から見通しをもって問題を見いだし解決したり，解決の過程や結果を振り返って統合的・発展的に考察したりする活動
利用する活動	1年	イ　日常生活で数学を利用する活動	ア　日常の事象を数理的に捉え，数学的に表現・処理し，問題を解決したり，解決の過程や結果を振り返って考察したりする活動
利用する活動	2・3年	イ　日常生活や社会で数学を利用する活動	ア　日常の事象や社会の事象を数理的に捉え，数学的に表現・処理し，問題を解決したり，解決の過程や結果を振り返って考察したりする活動
説明し伝え合う活動	1年	ウ　数学的な表現を用いて，自分なりに説明し伝え合う活動	ウ　数学的な表現を用いて筋道立てて説明し伝え合う活動
説明し伝え合う活動	2・3年	ウ　数学的な表現を用いて，根拠を明らかにし筋道立てて説明し伝え合う活動	ウ　数学的な表現を用いて論理的に説明し伝え合う活動

に説明し伝え合う活動」の順であるが，新学習指導要領では，アとイの順序が逆転している。これは，前述したとおり，中教審答申における今後の算数・数学科の目標の在り方として，「実社会との関わりを意識した数学的活動の充実」を図っていくことが求められていることへの対応であると考えられる。活動の提示される順序性に，その指導の重要性の軽重が意図されているとは考えられないが，今後は教師が日常生活や社会の事象を基点とした数学的活動に対する意識を従来以上に高め，実践に取り組む必要がある。

また，新学習指導要領では現行学習指導要領の「ア　数や図形の性質などを見いだす活動」と「イ　数学を利用する活動」に対応する活

動において，活動自体の記述が長くなっている。これは，活動がその結果よりも過程に焦点を当てて記述されるようになった結果である。後に詳述するが，例えば現行学習指導要領の第2学年，第3学年の「イ　日常生活や社会で数学を利用する活動」は，学んだ数学を日常生活や社会で「利用する」ことを目指す活動として位置付けられている。これに対し，新学習指導要領では，「利用」という表現は消え，日常の事象や社会の事象をどのように考察するかなどのプロセスに重点が置かれた表現になっている。こうした数学的活動におけるプロセス重視の発想は，中教審答申に示された下の図の「算数・数学の学習過程のイメージ」にもよく表れている。この図では，学習の過程において子供が身に付け，発揮できるようにすべき思考力・判断力・表現力等が具体的に示されている。教師は数学的活動を通した指導を実現する際に，その活動の過程における具体的な指導を，指導内容に応じて明らかにする必要がある。

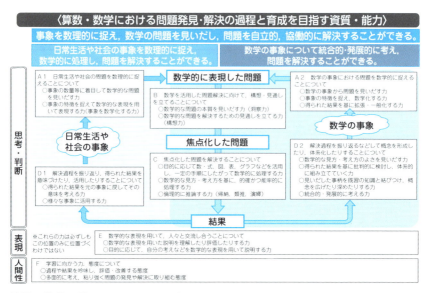

算数・数学の学習過程のイメージ

以下では，新学習指導要領の「〔数学的活動〕」に例示された三つの活動について考えてみよう。

(3) 日常の事象や社会の事象を数理的に捉え，問題を解決したり，振り返って考察したりする活動

　この活動は，現行学習指導要領における「数学を利用する活動」に対応するものであり，第1章第2節の2に示した「算数・数学科において育成を目指す資質・能力の整理」の表のうち，思考力・判断力・表現力等の欄に示された「日常の事象を数理的に捉え，数学を活用して論理的に考察する力」の育成に資するものである。現行学習指導要領の「数学を利用する活動」が，学んだ数学を日常生活や社会で利用することに重点を置いていたのに対し，新学習指導要領では，日常の事象や社会の事象に端を発する問題解決の過程自体に注目しており，前ページの図の「A1→B→C→D1」のプロセスと，そこで活用される力の育成も，この活動を通して実現されるものと考えられる。

　第1学年と第2，3学年の違いは，第1学年が子供にとっての日常の事象を考察の対象にしているのに対し，第2，3学年では，それを社会の事象にまで拡張している点で，現行学習指導要領からの変更はないと考えられる。

　この活動の例として，平成26年度全国学力・学習状況調査の「数学B」で出題された3（ウェーブの問題）を題材とした授業を考えることができるだろう。次ページの図のように，この問題は中学校の体育祭で全校の子供320人が一列に並びウェーブをする際にかかる時間を，ある学級の子供36人で予想しようとするものである。指導内容としては，第1学年の「関数」領域における比例の関係を取り上げており，子供にとっては身近で現実的な日常の事象が考察の対象になっている。授業では，例えば次のような流れで指導することが考えられるであろう。

① 　ウェーブをするのにかかる時間はウェーブをする人数の関数で

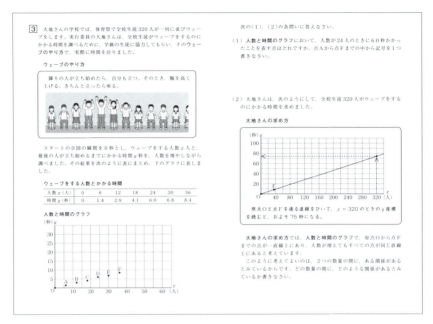

平成26年度全国学力・学習状況調査 中学校数学B ③

あることを理解する（事象を数理的に捉える）（p.156の図中A1）

② 人数を変えながらウェーブを行いデータを収集し，表やグラフにまとめる（数学的に表現・処理する） （同B）

③ グラフの点が原点からほぼ直線上に並んでいることから，時間は人数に比例しているとみなし，320人の時にかかる時間を予想する（問題を解決する） （同C）

④ 人数と時間のグラフに直線をかき込む際に，どのような直線をかき込めば適切な予想ができるかを考える（解決の過程や結果を振り返る） （同D1）

(4) 数学の事象から問題を見いだし解決したり，振り返って統合的・発展的に考察したりする活動

この活動は，現行学習指導要領における「数や図形などの性質を見いだす活動」に対応するものであり，第1章第2節の2に示した「算

数・数学科において育成を目指す資質・能力の整理」の表のうち、思考力・判断力・表現力等の欄に示された「既習の内容を基にして、数量や図形などの性質を見いだし、統合的・発展的に考察する力」の育成に資するものである。現行学習指導要領の「数や図形の性質などを見いだす活動」が、既習事項を基に数や図形の性質などを見いだすことに重点を置いていたのに対し、新学習指導要領では、数学の事象に関する問題解決の過程自体に注目しており、「数や図形の性質などを見いだす」という表現は消えている。また、156ページの図の「A 2→B→C→D 2」のプロセスとそこで活用される力の育成もこの活動を通して実現されるものと考えられる。

　第1学年と第2、3学年の違いは、第1学年で「数学の事象から問題を見いだし解決」するとされている部分に、第2、3学年では「見通しをもって」という表現が加えられ、「数学の事象から見通しをもって問題を見いだし解決」するとされている点である。この「見通しをもって見いだす」ということが何を意味するのかは定かでない。一般に問題とは、子供の問いや疑問等から生まれ、不思議さや驚きを伴って見いだされるものであるが、「見通しをもって見いだす」とは、そうした現象とは異なるものと考えられる。ここでは、「数学の事象から問題を見いだし、見通しをもって解決すること」と解釈して考察することにする。

　この活動の例として、平成27年度全国学力・学習状況調査の「数学B」で出題された2（連続する整数の和の問題）を題材とした授業を考えることができるだろう。次ページの図のように、この問題は連続する三つの整数の和がどんな数になるかを具体的な数を用いて調べ、中央の整数の3倍になることを帰納的に予想し、予想が正しいことを構想を立て説明するとともに、発展的に考えて予想した事柄を説明できるかどうかをみるものである。内容は、第2学年の「数と式」領域において文字式を用いて、数学の事象である数の性質を説明すること

第3章　各学年の内容

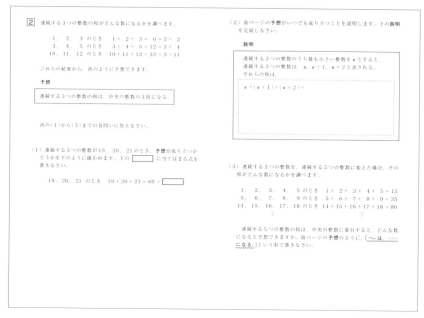

平成27年度全国学力・学習状況調査　中学校数学B ②

を取り上げている。調査はペーパーテストで実施されるため，問題を見いだす部分や発展的に考える部分は出題の中に含まれ，既に明らかにされてしまっているが，授業として実施する場合には，そうした部分も子供に考えさせ，例えば次のような流れで指導することが考えられるであろう。

① 連続する三つの整数の和を求め，中央の整数の3倍になることを予想する（問題を見いだす）。　　　　　　（p.156の図中A 2）

② 予想がいつでも成り立つことを説明するためには，文字式を用いて連続する三つの整数の和を求め，その和を表す式が「3×（中央の整数）」の形に変形できればよいことを確認し，実際に確かめる（見通しをもって問題を解決する）。　　　　　　（同B，C）

③ 問題の一部を変えて，「連続する三つの整数」を，「連続する五つの整数」に変えた場合，その和がどんな数になるかを帰納的に

予想し，予想が正しいことを文字式を用いて説明する（解決の結果を振り返って発展的に考察する）。　　　　　　　　　（同Ｄ２）

(5) 数学的な表現を用いて論理的に説明し伝え合う活動

　この活動は，現行学習指導要領における「数学的に説明し伝え合う活動」に対応するものであり，第１章第２節の２に示した「算数・数学科において育成を目指す資質・能力の整理」の表のうち，思考力・判断力・表現力等の欄に示された「数学的な表現を用いて事象を簡潔・明瞭・的確に表現する力」の育成に資するものである。先に示した「算数・数学の学習過程のイメージ」の図（156ページ）では，「思考・判断」の二つのサイクルとは別に位置付けられているが，「これらの力は必ずしもこの位置のみに位置づくわけではない」という記述がある通り，日常生活や社会の事象を数理的に捉え，数学的に処理し，問題を解決する過程や，数学の事象について統合的・発展的に考え，問題を解決する過程で必要に応じて用いられるものである。

　数学的活動としては，前述の(3)や(4)のように独立して行われる活動というよりも，(3)や(4)の活動の中で，他者とコミュニケーションを図ったり，自らの考えをまとめたり，振り返ったりする際に行われる活動であり，教師が(3)や(4)の活動の過程に適切に位置付け，子供が取り組めるようにする必要がある。

　第１学年と第２，３学年の違いは，第１学年が「筋道立てて説明し伝え合う」のに対し，第２，３学年では「論理的に説明し伝え合う」とされている点である。この「筋道立てて」と「論理的に」がどのように異なる概念なのかは，学習指導要領では明確にされていない。一般に「きちんと筋道を立てて考える様子」を「論理的」と表現することを考えると，「筋道立てて」と「論理的に」で何を峻別し，指導することを求めているのかについては，各学年の具体的な指導内容を基に検討する必要がある。

第6節 指導計画の作成と内容の取扱い

Q 指導計画の作成においては，どのような配慮が必要ですか，また，学習課題についてはどのような取扱いが必要ですか。

1 全体の構成

　新学習指導要領の「第3 指導計画の作成と内容の取扱い」では，各学校において指導計画を作成する際，特に配慮を要する事項や，「第2 各学年の目標及び内容」で示した内容の取扱いに関わって配慮を要する事項などがまとめられている。具体的には，以下の4点に整理されている。
- ・指導計画作成上の配慮事項
- ・第2の内容の取扱いについての配慮事項
- ・数学的活動の取組における配慮事項
- ・課題学習とその位置付け

　その構成自体については，現行学習指導要領と同じである。以下においては，上記4点の中で，現行学習指導要領から変更があった内容を中心にまとめることにする。

2 指導計画作成上の配慮事項

(1) 単元など内容や時間のまとまりを見通して,「主体的・対話的で深い学び」の実現を図ること

　指導計画作成上の配慮事項については,現行学習指導要領において三つの事項が示されているが,新学習指導要領では,新たに二つの事項が付け加えられている。その一つは,「主体的・対話的で深い学び」の実現に関わる以下の事項である。

> 　単元など内容や時間のまとまりを見通して,その中で育む資質・能力の育成に向けて,数学的活動を通して,生徒の主体的・対話的で深い学びの実現を図るようにすること。その際,数学的な見方・考え方を働かせながら,日常の事象や社会の事象を数理的に捉え,数学の問題を見いだし,問題を自立的,協働的に解決し,学習の過程を振り返り,概念を形成するなどの学習の充実を図ること。

　ここでは,数学的活動を通して,「主体的・対話的で深い学び」の実現を図るという中学校数学科の考え方を改めて確認した上で,その実現を図る際の配慮事項をまとめている。「主体的・対話的で深い学び」は,必ずしも1単位時間の授業の中で実現されるものではなく,単元などの内容や時間のまとまりを見通して実現すべきものである。具体的には,教師が単元の指導計画等を作成する段階で,子供が主体的に学習を見通したり振り返ったりする場面をどこに設定するのか,また,考え方やアイデアを共有するためにグループなどで対話する場面をどこに設定するのか,学びの深まりをつくり出すために子供が考える場面と教員が教える場面をどのように組み立てるのかなどの視点を指導内容との関係で明確にしておく必要がある。こうした指摘は,

これまでの授業づくり，単元づくりにおいても重要な視点であるが，「主体的・対話的で深い学び」を実現するという目標に向けて，改めて確認を求められている。

また，中教審答申には，こうした取組について，毎回の授業の改善という視点を超え，単元や題材のまとまりの中で指導内容のつながりを意識しながら重点化していけるような効果的な単元の開発や，課題の設定に関する研究に向かうものとなる必要があるとの指摘もある。例えば，「データの活用」の領域では，今回の学習指導要領改訂で，その指導内容が大きく変更されており，こうした視点からの単元の開発が必要であると考えられる。中学校数学科における資質・能力を育む単元づくりについては，第4章の第1節で改めて考えることにする。

(2) 障害のある子供などへの指導を計画的，組織的に行うこと

指導計画作成上の配慮事項に付け加えられたもう一つの事項は，障害のある子供などへの対応に関するものであり，算数・数学科に限らず教科横断的に設定されている事項である。

> 障害のある生徒などについては，学習活動を行う場合に生じる困難さに応じた指導内容や指導方法の工夫を計画的，組織的に行うこと。

中教審答申では，近年，特別支援教育の対象となる子供が増加する傾向にあり，知的発達に遅れはないものの，学習面または行動面での著しい困難を示す子供が，通常の学級にも6.5％程度在籍しているという調査結果のあることが指摘されている。

こうした現状を受け，全ての学校や学級に発達障害を含めた障害のある子供が在籍する可能性があることを前提とし，障害者の権利に関する条約に掲げられたインクルーシブ教育システムの構築を目指し，算数・数学科においても，一人一人の障害の状況や発達の段階に応じ

て，子供の力を伸ばしていくことが必要になってきている。そのため，一人一人の子供の教育的ニーズに応じた指導や支援が組織的・継続的に行われるよう，「個別の教育支援計画」や「個別の指導計画」を作成することが求められている。

3　第2の内容の取扱いについての配慮事項

「第2　各学年の目標及び内容」の取扱いについては，現行学習指導要領では二つの事項が示されている。新学習指導要領では，新たに次の二つの事項が付け加えられた。

> 思考力，判断力，表現力等を育成するため，各学年の内容の指導に当たっては，数学的な表現を用いて簡潔・明瞭・的確に表現したり，互いに自分の考えを表現し伝え合ったりするなどの機会を設けること。

> 各領域の指導に当たっては，具体物を操作して考えたり，データを収集して整理したりするなどの具体的な体験を伴う学習を充実すること。

学習指導要領の「第2　各学年の目標及び内容」に示されている内容は，教師が指導すべき内容であり，それをどのように指導する必要があるのかについては，基本的に子供の学習の状況を把握している教師の判断に委ねられている。しかし，新学習指導要領が目指す「主体的・対話的で深い学び」を実現するためには，知識や技能を教師が一方的に伝授するだけの指導が望ましいはずはなく，こうした点への配慮を求めるために二つの事項が追加されたものと考えられる。

前者は対話的な学びの重要性を指摘したものであるが，単に表現したり伝え合ったりする機会を設けることだけを求めているわけではなく，そうした活動が，思考力，判断力，表現力等を育成することに結び付いているかどうかを教師が指導の振り返りを通じて確認する必要があることを指摘したものである。アクティブ・ラーニングについての誤解を払拭するためにも，十分に注意する必要がある。

また，後者は体験を通して学ぶことの重要性を指摘したものである。具体物を操作して考えることは，小学校算数科では従来から重視されているが，中学校数学科では軽視されがちである。例えば，第1学年の「図形」の領域における「空間における直線や平面の位置関係を知ること」や「空間図形を直線や平面図形の運動によって構成されるものと捉えたり，空間図形を平面上に表現して平面上の表現から空間図形の性質を見いだしたりすること」など，比較的抽象度の高い内容の指導では，子供が模型などの具体物を操作しながら考えることで，その理解を一層深められるようにすることが考えられる。

また，「データの活用」の領域では，データを整理し，そこから「データの分布の傾向を読み取り，批判的に考察し判断すること」を指導するが，その前提として，アンケートを作成・実施してデータを収集し，コンピュータなどの情報手段を用いるなどしてデータを表やグラフに整理する体験自体も，子供が学習内容に関する知識や技能を身に付ける上で重要である。

4　数学的活動の取組における配慮事項

数学的活動への取組については，現行学習指導要領では三つの事項が示されているが，新学習指導要領では，新たに次の事項が付け加えられた。

第6節　指導計画の作成と内容の取扱い

> 　各領域の指導に当たっては，観察や操作，実験などの活動を通して，数量や図形などの性質を見いだしたり，発展させたりする機会を設けること。

　「観察や操作，実験などの活動を通して」という表現は，現行学習指導要領においても，「図形」領域の内容の「(1)，(2)，…」の記述で全学年を通じて用いられている（正確には，現行学習指導要領では「観察，操作や実験などの活動を通して」と表現がわずかに異なる）。現行学習指導要領解説ではその理由を，図形の学習では全学年を通じて，子供が不思議に思うこと，疑問に思うこと，当面解決しなければならない課題などをよく観察し，見通しをもって結果を予想したり，解決するための方法を工夫したり，予想した結果を確かめたりするために観察，操作や実験などの活動を通して学ぶことをねらいとしているからであると説明している。数学の学習では，観察，操作や実験などの活動を通して事象に深く関わる体験をし，これを振り返って言葉や数学的な表現を用いて表すことで吟味を重ね，さらに洗練させていく活動を大切にしたい。子供は，こうした活動を通して，数学についての認識を深めていく。そのように考えると，観察，操作や実験などの活動による体験を振り返りながら数学的認識を漸次深めていくことは，自らの知識を再構成することにほかならず，図形の学習にとどまるものではない。

　新学習指導要領では，全領域の内容の「(1)，(2)，…」の記述で「数学的活動を通して」という表現を用いられるようになったため，現行学習指導要領の「図形」領域にあった「観察，操作や実験などの活動を通して」という表現が全て消えてしまった。しかし，前述したとおり，その趣旨は「図形」領域にとどまるものではなく，むしろ全領域において数学的活動を通した指導を行う際に配慮すべき事項であるこ

167

とから，このような位置付けになったものと考えられる。

5 課題学習とその位置付け

新学習指導要領では，課題学習とその位置付けについて以下のとおり示されている。

> 生徒の数学的活動への取組を促し思考力，判断力，表現力等の育成を図るため，各領域の内容を総合したり日常の事象や他教科等での学習に関連付けたりするなどして見いだした問題を解決する学習を課題学習と言い，この実施に当たっては各学年で指導計画に適切に位置付けるものとする。

表現に多少の変更はあるものの，内容としては現行学習指導要領から大きな変更はない。しかし，現状として，課題学習の各学校における実施状況は必ずしも活発とはいえず，その趣旨についても十分に理解が浸透しているとはいえない状況であることから，その指導の在り方について，改めて確認しておくことにする。

前述したとおり，新学習指導要領では，全領域の内容において，「(1)，(2)，…」の記述で「数学的活動を通して，次の事項を身に付けることができるよう指導する」ことが繰り返し指摘されている。これによって数学的活動の一層の充実が期待されるが，その指導が，いずれも各領域の内容の指導の範囲で行われる点に注意する必要がある。「主体的・対話的で深い学び」を通じて子供が体験する算数・数学の問題発見・解決の過程では，本来，子供が身に付けているどのような知識や技能が活用され，思考力・判断力・表現力等が発揮されてもよいはずである。子供は持てる力を存分に発揮して問題の解決に取り組むべきである。しかし，実際の授業では，教師がその授業で指導しよ

うとする内容に応じて，子供が取り組む数学的活動の内容も制限されてしまう。「今日は比例の授業だから，比例を使って数学的活動を…」と考えるのは，系統的・効率的な指導を考える教師として，ある意味当然である。

　しかし，全ての数学的活動がこうした枠の中に収まり，殻を破れなければ，子供は各領域の内容を総合したり，日常の事象や他教科等での学習に関連付けたりする問題解決に，十分には取り組むことができなくなってしまう。こうした指導の現状を打開するための方策の一つとして，平成元年の学習指導要領から課題学習が位置付けられていることは，（現行学習指導要領から）変わっていない。

　全国学力・学習状況調査が実施されるようになって以来，特に「数学B」の問題は毎回話題になることが多く，実際に中学校で数学を指導する教師から「様々な文脈が設定され，様々な解決のアプローチが可能な問題は魅力的で，こうした問題を解決できる子供を育てたいと思うのだが，数学の授業のどこで指導すればよいのか分からない」という質問を受ける機会が多くなった。問題の内容がどの領域にも収まらず，扱いにくい問題もあることが原因の一つのようであるが，前述のことから分かるように，その答えはもちろん「課題学習で取り上げよう」である。

第4章

「主体的・対話的で深い学び」を実現する授業づくり

第1節
資質・能力を育む単元づくり

Q これからの単元づくりのポイントを教えてください。

1 単元づくりに関する基本的な考え方

　新学習指導要領では，学習の内容と方法の両方を重視し，子供の学びの過程を質的に高めていくことが求められている。授業づくりにおいては，子供が「何ができるようになるか」を明確にしながら，「何を学ぶか」という学習内容と，「どのように学ぶか」という学びの過程を，効果的に結び付け構成していくことが必要になる。

　このうち，「どのように学ぶか」については，「主体的・対話的で深い学び」の実現が大きな目標になる。中教審答申では，「主体的・対話的で深い学び」を構成する「主体的な学び」「対話的な学び」「深い学び」は，子供の学びの過程としては一体として実現されるものであり，それぞれ相互に影響し合うものでもあるが，学びの本質として重要な点を異なる側面から捉える視点であり，授業改善のための固有の視点であることに留意が必要であるとされている。教師は授業づくりを通じて，子供の学びがこれら三つの視点を満たすものになっているか，それぞれの視点と指導する内容との相互のバランスに配慮しながら，子供の学びの状況を把握し，これまでの指導を振り返ることが求められる。

ところで，こうした指摘から，教師には従来にない新しい授業づくりが求められていると受けとめてしまうと，早計に失することになりかねない。中教審答申では，「主体的・対話的で深い学び」の実現は，今までの授業時間とは別に新たに時間を確保しなければできないものではなく，教師が現在の授業の中で既に行われている学習活動を三つの視点から見直して改善し，単元全体の中で指導内容を関連付けつつ，質を高めていくことで可能になるとしている。「主体的・対話的で深い学び」を実現する授業づくりに向けて，教師がまず取り組むべきことは，これまでに自分が進めてきた指導に「主体的な学び」「対話的な学び」「深い学び」の三つの視点から光を当てて振り返り，その評価・改善を図ることである。

2　見通しをもった単元づくり

　このように，教師が現在実践している授業の中で既に行われている学習活動を，「主体的な学び」「対話的な学び」「深い学び」の三つの視点から見直し，自らの指導の改善を図るためには，授業づくりについての考え方を深めることが欠かせない。おそらく多くの教師が自らの成長の過程で学んでいるように，指導経験の浅い教師の授業づくりは，1時間の授業単位から始まる。「この時間に何を指導するのか」「そのためにどう指導するのか」「その成果をどう捉えるのか」を考えることで精一杯で，毎日これを繰り返す。しかし，こうした授業づくりは指導の継続性に支えられていない。例えば，「この計算技能は，このあと何時間程度で子供が身に付けられればよいのか」とか「こうした考え方は，この後どのような場面で使われるのか」といった発想で授業をつくることができないので，1時間の授業の中で対応することに終始するしかない。こうした教師が経験を積み，自らの指導に関する学びを深めることで，1時間の授業から小単元へ，小単元から単

元全体へと授業づくりの視野を広げていくことは、教師としての成長の重要な側面であり、「主体的・対話的で深い学び」を実現する単元づくりには、まさにこうした教師の力量のアップが求められているのである。

　また、「見通しをもった単元づくり」といっても、必ずしも従来にない新たな単元づくりが必要なわけではない点にも注意が必要である。系統性が強く、領域ごとの指導を生かした教育課程を構成している算数・数学科においては、安易な単元の再構成は無用な混乱を招くことにもなりかねない。大切なことは、これまでも重視されてきた算数・数学科の学習活動を、子供の資質・能力の育成につながる意味のある学びとなるようにしていくことである。中教審答申でも指摘されているように、そのためには、教師が従来からある単元の流れを、子供の「主体的・対話的で深い学び」の過程として捉え直し、子供が身に付けた資質・能力を活用・発揮させながら学習に取り組み、さらに新たな資質・能力を身に付けていくことが繰り返されるよう指導の創意工夫を目指すことである。

　こうしたことを実現していく上では、「主体的・対話的で深い学び」が、必ずしも1時間の授業の中だけで実現されるものではない点に注意しなければならない。中教審答申では、単元を見通して、例えば、次のような視点から授業づくりに取り組むことの必要性が指摘されている。

・主体的に学習を見通し振り返る場面をどこに設定するか。
・グループなどで対話する場面をどこに設定するか。
・学びの深まりを作り出すために、子供が考える場面と教員が教える場面をどのように組み立てるか。

　こうした指摘は、中学校数学科においても極めて重要である。指導内容に配慮せず、毎時間の授業にグループなどで対話する場面を設定すれば「対話的な学び」になるわけではない。また、子供が考える場

面を増やせば「深い学び」が実現されるわけでもない。単元を見通して，その適切な場面を設定することができる教師の判断が求められているのである。

3　中学校数学科における単元づくりの視点

(1)　三つの柱に沿った目標の明確化

　ここでは，1及び2の内容を受けて，中学校数学科における資質・能力を育む単元づくりの視点について考える。資質・能力を育む単元づくりに唯一最良の方法があるわけでなく，今後様々な提案がなされることと思われる。ここで紹介する視点も，その一つとして参考にしてもらいたい。

　最初に注目したいのは，三つの柱に沿った単元の指導目標の明確化である。単元の目標は，現状でも単元の指導計画に子供の学習目標として記載されている場合が多いが，形骸化のきらいが感じられる。資質・能力を育む単元づくりでは，「この単元全体の指導を通じて，子供にどのような資質・能力を育みたいのか」という指導目標を明らかにすることが重要であり，そのために三つの柱を生かしたゴールを設定することを考えたい。新学習指導要領では，内容構成が改められた結果，こうした単元の指導目標が従来以上に設定しやすくなっている。例えば，中学校第2学年「数と式」領域の連立二元一次方程式の単元の場合，対応する新学習指導要領の内容は次のようになっている。

> (2)　連立二元一次方程式について，数学的活動を通して，次の事項を身に付けることができるよう指導する。
> 　ア　次のような知識及び技能を身に付けること。

> (ア) 二元一次方程式とその解の意味を理解すること。
> (イ) 連立二元一次方程式の必要性と意味及びその解の意味を理解すること。
> (ウ) 簡単な連立二元一次方程式を解くこと。
> イ 次のような思考力，判断力，表現力等を身に付けること。
> (ア) 一元一次方程式と関連付けて，連立二元一次方程式を解く方法を考察し表現すること。
> (イ) 連立二元一次方程式を具体的な場面で活用すること。

　三つの柱のうち，「知識及び技能」と「思考力，判断力，表現力等」の内容が明確に位置付けられているため，これらを基に，単元の指導目標を設定することができる。また，学習指導要領の内容から導かれるのは，連立二元一次方程式に直接関わる目標となるが，単元の内容にとらわれず，学年を通じて習得や育成を目指す目標を俯瞰するために，学習指導要領の学年目標も確認するようにしたい。第2学年の学年目標(1)と(2)では，「知識及び技能」と「思考力，判断力，表現力等」について，指導内容によらず，次の事柄が求められている。

・知識及び技能
　　事象を数学化したり，数学的に解釈したり，数学的に表現・処理したりする技能を身に付けるようにする。
・思考力，判断力，表現力等
　　文字を用いて数量の関係や法則などを考察する力

　こうした新学習指導要領の内容と学年目標の記述を基に，連立二元一次方程式の単元における「知識及び技能」と「思考力，判断力，表現力等」の単元の指導目標を設定する。
　また，「学びに向かう力，人間性等」については，新学習指導要領の内容には直接的な記述はないが，第2学年の学年目標にある次の記

述を基に指導目標を設定する。

> (3) 数学的活動の楽しさや数学のよさを実感して粘り強く考え，数学を生活や学習に生かそうとする態度，問題解決の過程を振り返って評価・改善しようとする態度，多様な考えを認め，よりよく問題解決しようとする態度を養う。

なお，「学びに向かう力，人間性等」については，第2学年と第3学年の学年目標が同一内容になっていることも踏まえ，単元にとらわれず，長期的な見通しをもった目標を設定する必要があることに注意しなければならない。

(2) 「主体的・対話的で深い学び」の設定

単元の指導目標を設定することができたら，それを実現するための「主体的・対話的で深い学び」を単元の中のどの場面に設定するのか，またそこでは教師がどのような指導を行い，子供はどのような活動に取り組むのか等を明らかにしていく。この際，特に「思考力，判断力，表現力等」については，1時間の指導で育成を図ることは困難な場合が多いので，単元全体を見通した学びの場面設定が必要である。(1)で例として取り上げた第2学年の連立二元一次方程式の単元については，新学習指導要領で「思考力，判断力，表現力等」として，「一元一次方程式と関連付けて，連立二元一次方程式を解く方法を考察し表現すること」が示されている。周知のとおり，連立二元一次方程式を解く際に大切な考え方は，二つの文字のうち一方の文字を消去し，既に知っている一元一次方程式に帰着して解くことである。この解き方は，新しい問題解決の場面に直面したとき，既習の方法に帰着させてこれに取り組むという考え方の一つである。連立二元一次方程式が解けるようになるという技能とともに，子供がこうした考え方自体を学ぶことができるようにすることが求められているのである。しか

し，子供が考える時間をいくら取っても，こうした考え方を子供が自然に見いだすことは期待できないであろう。そこで，例えば，加減法による解き方を指導する場面では，教師が指導することに重きを置き，その解法とその基になった考え方を子供が学べるようにする。そして，次に代入法による解き方を指導する場面では，子供が考えることに重きを置き，加減法による解法を参考にしながら，二つの文字のうち一方の文字を消去することで既に知っている一元一次方程式に帰着して解く別な解法として代入法について考えさせる。こうした指導を通じて，子供は同じ考え方に基づいて連立二元一次方程式の解き方を学ぶ場面を複数回経験することができる。また，単に連立二元一次方程式には加減法と代入法の二つの解法があることを理解するにとどまらず，その根底には既習の一元一次方程式に帰着するという共通の考え方があることを知り，二つの解法を統合的に考えることも可能になる。

　なお，「思考力，判断力，表現力等」の指導場面については，単元の内容をひと通り指導した後の活用の場面が中心になりがちであるが，ここで取り上げた例からも分かるとおり，単元の指導の過程でも随所に現れることに留意し，「主体的・対話的で深い学び」の場面を単元全体を見渡して設定しなければならない。

(3) 単元づくりの留意点

　(1)や(2)のような視点から，資質・能力を育む単元づくりに取り組む際には，次のような点にも留意する必要がある。

① 指導形態の決め方

　アクティブ・ラーニングの隆盛以来，「主体的・対話的で深い学び」の実現に向けて，グループ・ワーク等，目に見える指導形態での対応が従来にも増して活況を呈している。指導形態を工夫すること自体は授業づくりや単元づくりにとって有益なことであるが，「初めに指導形態ありき」といった発想は見直す必要がある。資質・能力を育む単

元づくりでは，まずその単元の指導を通して実現すべき目標を明確化し，その実現のために必要な「主体的・対話的で深い学び」を単元の適切な場面に設定することが求められる。こうした前提で，授業づくりに取り組んだ教師が，その学びの実現のためにはグループ・ワークの場面や発表の場面を設けることが有効であると判断したのであればよいが，毎時間の授業で，そうした場面を設けることが指導する内容に関係なく先に決まっているケースが増えてきていたりはしないだろうか。

また，指導形態を少人数指導や習熟度別指導，TTの導入まで広げて考えると，さらにいろいろな課題がみえてくる。最近は教師の加配措置などの手立ても広く普及し，こうした指導形態の工夫が全国的に行われるようになった。資質・能力を育む単元づくりのために有効に活用できそうであるが，単元を通して全時間の授業を少人数指導や習熟度別指導で実施することが前提になっている学校も少なくない。習熟度別指導とは，本来，子供の学習の習熟の程度に応じて行われるものである。資質・能力の三つの柱のうち，「知識及び技能」の習得が目標の授業では効果的な場合も多いが，「思考力，判断力，表現力等」の育成が目標の授業だと，特に数学が苦手な子供のクラスでは，大切な考え方や説明を子供から引き出すことは難しく，全て教師が説明せざるを得ない状況に陥りがちである。資質・能力を育む単元づくりのためには，例えば次のように，指導形態を指導目標や指導内容に応じて授業ごとに柔軟に切り替え，効果的に活用することが必要である。

・単元の導入の授業では，これから学ぶ内容について，子供からいろいろな考えが出され，全員で共有できることが望ましいから一斉指導で対応（TT担当の教師は机間指導しながら個別指導）。
・観察や操作，実験などの活動を通して学ぶ授業では，できるだけ多くの子供が活動に参加できるように小集団での活動を取り入れてTTで対応。

・ある程度学習が進み，技能の習熟が必要になった授業では，習熟度別指導で対応。

② **指導時間とのバランス**

　資質・能力を育む単元づくりを工夫し，「主体的・対話的で深い学び」を実現しようとすると，どうしても授業時間数が不足しがちであるという話をよく耳にする。「主体的な学び」「対話的な学び」「深い学び」を実現しようとすると，授業ではいずれも子供の活動が中心になる場面が増えると考えられるので，教師主導の授業に比べて指導のための時間を要する。いくら理想的な単元をつくり上げても，規定の時間内で実践できなくては意味がない。こうした場合には，単元全体を見渡して指導の重点化を図り，指導時間とのバランスを取ることが必要になる。

　単元づくりでは，三つの柱に沿って明確化した目標を実現するために「主体的な学び」「対話的な学び」「深い学び」の視点から子供の学習活動を設定するわけだが，このうち，目標の実現のために「どうしてもしなければならない指導」と「できたらしたい指導」を峻別し，「できたらしたい指導」については指導の方法を変更するなどの現実的な対応を取る。こうした対応ができるのも，授業を単元に位置付けて考えることのよさであり，資質・能力を育む単元づくりのために不可欠な要素である。

第2節 資質・能力を見取る評価

Q 中学校数学科における評価の視点を教えてください。

1 評価に関する基本的な考え方

　これまでの学習指導要領の改訂では，学習評価についての検討は，学習指導要領の改訂を終えた後，児童（生徒）指導要録の見直しの際に行うことが一般的であった。今回の改訂では，資質・能力を効果的に育成するためには，教育目標や内容と学習評価とを一体的に検討することが重要であるとの判断から，学習指導要領改訂の前提となる中教審答申の段階で，これからの学習評価についても，その考え方が整理されている。「何ができるようになるか」「何を学ぶか」「どのように学ぶか」と共に，学習評価等を通じて「何が身に付いたか」を見取ることも教育課程の見直しと共に進められたのである。

　学習評価とは，学校における教育活動に関する子供の学習の状況を評価するものに他ならない。しかし，それは成績をつけることだけを意味するものではない点に注意が必要である。中教審答申でも指摘されているように，「子供にどういった力が付いたか」という学習の成果を的確に捉えることで，教師が指導の改善を図るとともに，子供自身が自らの学びを振り返って次の学びに向かうことができるようにするためにも欠かせないものである。「指導と評価の一体化」といわれ

るように，学習評価の改善は，教育課程や指導の改善と一貫性をもって進められることで一層その有効性を発揮する。

2　観点別学習状況の評価の見直し

現在，中学校の各教科では，子供の学習状況を分析的に捉える「観点別学習状況の評価」と，総括的に捉える「評定」を，「目標に準拠した評価」として実施している。観点別学習状況の各評価の観点については，学校教育法第30条第2項で定められている学校教育において重視すべき三要素（「知識・技能」「思考力・判断力・表現力等」「主体的に学習に取り組む態度」）も踏まえつつ，原則として「知識・理解」「技能」「思考・判断・表現」「関心・意欲・態度」の4観点を設定し，これに基づいて進められてきた。

今回の学習指導要領の改訂では，全ての教科等で，教育目標や内容を資質・能力の三つの柱に基づいて再整理した。今後は目標に準拠した評価を実質化することで，こうした資質・能力の育成を目指すことになる。中教審答申では，こうした方向で目標に準拠した評価をさらに進めていくため，観点別学習状況の評価については，従来の4観点を，「知識・技能」「思考・判断・表現」「主体的に学習に取り組む態度」の3観点に整理して，児童（生徒）指導要録の様式を改善することが求められている。これによって，評価の観点は，学校教育法第30条第2項で定められた学校教育において重視すべき3要素に直接対応する構成に改められることになる。

3　各観点の概要

(1)　「知識・技能」の観点

中学校数学科の「知識・技能」の観点は，従来の「数量や図形など

についての知識・理解」と「数学的な技能」の二つの観点を束ねた観点となる。教師にとっては，これまで子供の学習の状況を別々に捉える必要があった評価の作業の簡略化につながりそうであるが，注意しなければならない点もあるので確認しておきたい。

　下の図は，平成28年度全国学力・学習状況調査の「数学A」3で出題された問題である。このうち(1)は，一元一次方程式を解くことができるかどうかをみる問題で，現在の4観点に当てはめると「数学的な技能」になり，正答率は71.9%であった。これに対して，(2)は，一元一次方程式の解の意味を理解しているかどうかをみる問題で，評価の

（1）一次方程式 $x+12=-2x$ を解きなさい。

（2）一次方程式 $2x=x+3$ の左辺と右辺それぞれの x に3を代入すると，次のような計算をすることができます。

$2x=x+3$ について，
$x=3$ のとき，
（左辺）$=2\times3$　　　（右辺）$=3+3$
　　　$=6$　　　　　　　　　$=6$

このとき，この方程式の解についていえることを，下の**ア**から**エ**までの中から1つ選びなさい。

　ア　この方程式の解は6である。

　イ　この方程式の解は3である。

　ウ　この方程式の解は3と6である。

　エ　この方程式の解は3でも6でもない。

平成28年度全国学力・学習状況調査　中学校数学A3

観点は「数量や図形などについての知識・理解」になり，正答率は48.2％で，全体の半数に満たなかった。(2)の正答はもちろん「イ」であるが，誤答の状況をみると，「ア」を選択した子供が全体の30.9％いたことも分かっている。また，(1)で正しく解答できた子供のうち，(2)も正しく解答できた子供の割合は54.6％と，半数程度にとどまっている。以上のことから，子供が一元一次方程式を解く技能を身に付けることと，一元一次方程式の解の意味を理解することの学習状況には大きな隔たりがあることが分かる。こうした状況を考慮せず，新しい3観点のうち「知識・技能」の観点の評価規準として，「一元一次方程式を解き，その解の意味を理解することができる」を設定した場合どうなるだろう。一元一次方程式を解くことはできるが，その解の意味を理解することはできていない子供が多数出てくることは容易に予想される。この子供の知識の評価は「C」，技能の評価は「A」なので，これらをまとめて「知識・技能」の観点の評価は「B」としてよいだろうか。これは一例であるが，観点別学習状況の評価の現状をみると，中学校数学科のどの領域においても，「数量や図形などについての知識・理解」は「数学的な技能」よりもその実現状況に多くの課題を残している。新たな観点「知識・技能」の評価を行う際には，こうした点に十分配慮しなければならない。

(2) 「思考・判断・表現」の観点

中学校数学科の「思考・判断・表現」の観点は，従来は「数学的な見方や考え方」であった。観点の内容に大きな変更はないが，今回の学習指導要領の改訂では，子供が問題を解決する過程で取り組む活動や，身に付けるべき力が従来以上に重視されている点に留意しなければならない。例えば，第3章第5節でも示したように，中教審答申では，「算数・数学の学習過程のイメージ」の図の中で，「日常生活や社会の事象を数理的に捉え，数学的に処理し，問題を解決する」過程や「数学の事象について統合的・発展的に考え，問題を解決する」過程に

おいて子供が身に付けるべき力が具体的にまとめられている。「思考・判断・表現」の観点の評価規準を作成する際には，こうした指摘を参考にする必要がある。

(3) 「主体的に学習に取り組む態度」の観点

中学校数学科の「主体的に学習に取り組む態度」の観点は，従来は「数学への関心・意欲・態度」であった。新たな観点別学習状況の評価の３観点のうち，前述の「知識・技能」と「思考・判断・表現」は，資質・能力の三つの柱に対応しているが，「学びに向かう力・人間性等」は，評価の観点としては「主体的に学習に取り組む態度」に改められている。中教審答申では，この点について，「学びに向かう力・人間性等」に示された資質・能力には，感性や思いやりなど幅広いものが含まれており，全体として観点別学習状況の評価になじむものではないことから，評価の観点としては学校教育法に示された「主体的に学習に取り組む態度」として設定し，感性や思いやり等については観点別学習状況の評価の対象外とすることが説明されている。つまり，資質・能力の柱の一つとしての「学びに向かう力・人間性」には，

- 「主体的に学習に取り組む態度」として観点別学習状況の評価を通じて見取ることができる部分
- 観点別学習状況の評価や評定にはなじまず，観点別学習状況の評価では示しきれない部分

があることに留意しなければならない。このうち，後者については，評価しなくてよいということではなく，教師が一人一人の子供のよい点や可能性，進歩の状況を見取り，個人内評価を通じて評価することになる。

また，観点別学習状況の評価の対象とする「主体的に学習に取り組む態度」について，中教審答申では，学習前の診断的評価のみで判断したり，挙手の回数やノートの取り方などの形式的な活動で評価したりするものではないことが指摘されている。その上で，こうした考え

方は，現行の4観点の一つである「関心・意欲・態度」についても本来は同じ趣旨であるが，性格や行動面の傾向が一時的に表出された場面を捉える評価であるような誤解が未だに払拭し切れていないことから，「関心・意欲・態度」を改め「主体的に学習に取り組む態度」としたことが説明されている。こうした指摘は，中学校数学科における評価の現状にも少なからず当てはまるのではないだろうか。中学校数学科としての観点の名称である「数学への関心・意欲・態度」から「数学への」が失われ，「態度」が消えて，一時的な「関心・意欲」を捉えることに終始した評価が行われてはいないだろうか。子供が自らの数学の学習に目標をもち，その進め方を見直しながら学習を進め，その過程を評価して新たな学習につなげるといった，数学を学ぶことに関する自己調整を行いながら，粘り強く知識・技能を獲得したり，思考・判断・表現しようとしたりしているかどうかという，意思的な側面を捉えて評価することが求められているのである。

　このように考えると，「主体的に学習に取り組む態度」は，「関心・意欲・態度」と同様に評価の難しい観点と思われそうだが，必ずしもそうではない。観点名にもあるように「主体的に学習に取り組む態度」とは，子供が数学の学習に主体的に取り組む態度を捉えようとするものであるから，例えば，別の観点である「思考・判断・表現」の評価の場面で，子供が創意工夫を凝らしながら問題の解決に取り組む様子を観察し，たとえうまく解決することができなかったとしても，その態度を基に「主体的に学習に取り組む態度」を評価することが可能である。従来の評価の観点「関心・意欲・態度」については，その評価のためだけに別途授業の時間を割かなければならないといった誤解が横行し，評価する教師の負担感を増大させてきた。観点の名称が「主体的に学習に取り組む態度」に改められるのを機に，こうした点を見直し，例えば，他の観点の評価場面で合わせて評価することも検討する必要がある。

第3節 事例：新教育課程を生かす授業

A 数と式

〈第2学年〉

領　域：数と式

単元名：式の計算

授業のポイント：数量の関係を文字を用いた式で表し，式の意味を読み取る過程を振り返ることで，説明をするときの構想を立てて演繹的な説明を構成することができるようになることを目指した授業である。

　具体的には，「文字式で表す」→「文字式を変形する」→「変形した文字式を読む」というサイクルを意識しながら，証明をつくり，その過程を振り返るときに命題の証明に必要な構想として，11の倍数であることを示すなら11×（整数）の形にすればよいということに気付くことができるようにする。そうすることで新たな命題を証明するときにどのような式変形ができれば説明が可能かを予想しながら，「文字式で表す」→「文字式を変形する」→「変形した文字式を読む」のサイクルをなぞっていくことができるのである。

第4章 「主体的・対話的で深い学び」を実現する授業づくり

1　単元の目標

(1)　「知識・技能」の目標
　文字を用いた式についての基礎的な概念や原理・法則などを理解するとともに事象を数学的に解釈したり，数学的に表現・処理したりする技能を身に付けることができる。

(2)　「思考・判断・表現」の目標
　文字を用いて数量の関係や法則などを考察する力を身に付けることができる。

(3)　「主体的に学習に取り組む態度」の目標
　数学的活動の楽しさや数学のよさを実感して粘り強く考え，問題解決の過程を振り返って評価・改善したり，多様な考えを認め，よりよく問題解決したりできるようにする。

2　単元の指導計画

(1)　単元構成と授業時間数

小単元	授業時間数	
1．式の計算 (1)　式のしくみ (2)　多項式の計算 (3)　単項式の乗法・除法 (4)　式の値	計8時間 第1次　　　1時間 第2〜4次　3時間 第5〜7次　3時間 第8次　　　1時間	14時間（合計）
2．式の利用 (1)　文字式による説明 (2)　等式の変形	計4時間 第9〜11次　3時間（本時1/3） 第12次　　　1時間	
まとめの問題	計2時間 第13〜14次	

　本単元との関わりとして，第1学年「2.(1)　文字式による説明」の単元末において，数列のきまりを見つける探究的な学習を1時間行

う。第2学年「1．式の計算」から始まる文字を用いた説明（代数的証明）の素地的な指導として，三輪（1996）による文字式利用の図式を活用する。「文字式で表す」

三輪辰郎（1996）「文字式の指導序説」（筑波数学教育研究，第15号pp.1-14）による文字式利用の図式

→「文字式を変形する」→「変形した文字式を読む」という三つのプロセスを第1学年段階で経験することによって，第2学年以降の証明に関する学習が円滑に行われる。

例） 2　5　7　12　19のように，前の2数の和が次の数となる数列（数は五つに限定したもの）を取り上げる。
この数列の規則性を確認した上で，

　2　○　□　○　73　において，□にはどんな数が入るかという問題を提示する。

　試行錯誤しながら□に入る数を見つけ，そこから両端の和が□の3倍になることを命題として共有し，説明の仕方を考えていく。

※生徒の実態に合わせて，第2学年のオリエンテーションや単元の扉として扱うこともできる。

【それぞれのプロセスで行うこと】
「文字式に表す」
　　→　探究を通して得られた命題が，いつでも成り立つことを示す

ためには，文字を用いて表して計算してみればよいのではないかという見通しのもとで，必要な数を文字を用いて表す。

「文字式を変形する」
→ 文字を用いて表した式を，計算規則に従って計算する。ただし，「3でくくる」などの式変形の方向付けは，教師が促していく。

「変形した文字式を読む」
→ 変形した文字式が，どのようなことを表しているのかを考えさせ，命題の結論部分を表しているということを確認させる。

(2) 「主体的・対話的で深い学び」を実現するための見通し

単に計算練習に終わることなく，第1学年の文字式の学習と結び付け，文字のもつ意味や計算の仕方，その根拠について考えながら学ぶことができるよう，その解決過程を重視する。また，式の意味についての理解を広げ，分類の仕方や式を見る目を養うことで論証につながる素地を身に付けることができるようにする。以下のような単元の指導計画の中で，「主体的・対話的で深い学び」を実現していきたい。

① **主体的な学びを実現するために**

第1次「(1)式のしくみ」において，式のもつ意味や分類の仕方について関心をもったり，視点を広げたりできるように配慮する。第2～4次「(2)多項式の計算」では，第1学年における1次式の計算を基に，文字が2種類の多項式の計算や分配法則を用いた計算の仕方について見通しをもって考え，計算結果を振り返る場を設定する。「本当にそうなるのだろうか」「なぜいえるのか」といった問いを引き出し，よりよい解決に向かっていくことを目指す。特に，第2～3次では，同類項の意味を丁寧に押さえることで「なぜ，同類項同士は計算できるのか」「なぜ，次数が異なる場合や文字と数では加法や減法ができないのか」という疑問を引き出し，多項式の加法，減法で分配法則を

使っていることに気付けるようにする。そうすることにより、「乗法や除法はどのような計算をすればよいのか」といった新たな疑問を生み出すことになり、第5次の学習につながっていく。

また、数や図形の性質について、数量の関係や法則を予想し、確かめようとする問題設定を行う。第9次（本時）では、具体的な数の計算から帰納的に規則性を見いだし、「いつでもいえるのか」「どのように考えれば正しいといえるのか」といった問いを引き出す。前時までの学習を想起させながら、「文字を使えばよいのではないか」という考えを引き出し、自ら文字を用いて説明しようとする活動をねらう。授業の終末に文字を使って説明することの価値付けを行うことで、演繹的な考え方の理解を図り、第10～11次の学習に生かしていくことを期待したい。

② **対話的な学びを実現するために**

第1次の学習の中で、式を分類する活動を行い、多様な考え方に触れることで様々な視点があることを知り、式の見方を広げていく。また、式のもつ意味を再確認し、演算記号があるものだけを指すのではなく、単項式、特に数だけの項も式としてみなすことに気付くことで、式の理解を深めていくことも大切である。第2～4次や第5～7次では、単に計算の仕方を指導するのではなく、計算の仕方について、個々の考えを引き出し、互いの考えを交流する場を設定する。文字を数に置き換えたり、図示したりすることで計算の意味や本質について話し合い、文字式のよさについて気付くことができるようにする。

また、第10～11次では、第9次（本時）の学習と関連付け、演繹的な考え方を積極的に活用するように促していく。その際、数や図形について見つけた法則やその理由を伝え合う場を設定することで、よりよい考えに高めたり、本質を明らかにしたりすることができることをねらう。

③ 深い学びを実現するために

　既に学んだ文字式に関する知識・技能と第2学年の学習を結び付けて，式やその計算について学ぶことを重視する。第2～4次や第5～7次では，新たな計算の仕方を学びながら，これまでの学習との共通点や相違点を明らかにし，文字式の理解を深め，新たな概念を形成することを目指す。また，第8次では，単に式の値を求めるにとどまらず，ここまでの学習を基に文字のもつ意味を振り返り，既習の方程式での文字のもつ意味との違いを改めて捉え直すことで理解を深め，「2章　連立方程式」の学習に結び付けていきたい。

　また，第10～11次では，数や図形の性質について，数量の関係や法則を新たに見いだしたり，これまでの学習と結び付けて考え直したりすることができるようにする。第12次では，等式を変形する目的を明らかにし，変形することの価値を見いだすことができるようにする。等式の意味を捉え直すことで，「連立方程式」や「1次関数」の学習に関連付けていく。

3　本時について

(1)　本時の目標

　数の性質を，文字式を用いて説明する過程において，説明の構想を立てて順序よく説明を構成することを意識し，命題が成り立つことを分かりやすく表現することができる。

(2)　本時の展開

教師の指導・留意点	生徒の学習活動・評価
1．2桁の整数を取り上げて十の位と一の位を入れ替えた数との和を問う。 　　13＋31＝？　　87＋78＝？ 　　75＋57＝？　　12＋21＝？　　など	・2桁の整数を挙げる。 　　13　　87　　75　　12　　など
2．計算結果を確認し，気付くことがな	・計算結果を見て気付くことを挙げる。

いかを問い，生徒の発言を板書に位置付ける。	
〈問題〉　計算結果を見て気付くことはないだろうか。	
	「どの計算も十の位と一の位を入れ替えた数を足している」 「答えが全て11の倍数になっている」 「ほかの数でも11の倍数になりそう」
3．発言を基に命題を生成し，板書する。	・命題の意味を理解する。
命題1 　2桁の自然数とその数の十の位の数と一の位の数を入れ替えた数の和は11の倍数になる。	
4．数が変わっても同じことがいえるかを改めて問い，学習課題を共有する。	・命題が必ず成り立つかを考える。 「絶対に11の倍数になると思う」
【学習課題】 　命題1がいつでも成り立つことをどのように説明すればよいだろうか。	
5．個人思考の時間をとり，どのような方法がよいか全体に投げかけ，発言を板書する。	・解決に必要な見通しを考える。 「文字が使えそう」 「文字は一つでは無理そう」 「文字は二つあるといい」 「何を文字にしたらいいだろうか」
6．文字がなぜ有効なのかを確認し，文字を二つ使うとよいことを全体で共有する。	・文字を二つ使って説明できないか考える。 「もとの数を x，入れ替えた数を y にする」 「もとの数の十の位の数を x，一の位の数を y にする」
7．何を文字にするとよいか，発言をもとに整理し，板書する。	・もとの数の十の位の数を x，一の位の数を y にするのがよいことを共有する。
8．11の倍数をどのように表現すればよいか，1年生のときの学習を想起させる。	・1年生のときの文字式の学習から結論となる11の倍数をどのように表せばよいか考える。 「偶数（2の倍数）は $2n$ と表した」 「3の倍数は $3n$ と表した」 「文字にはいろいろな数が入るから11をかければ11の倍数になる」
9．生徒の発言を基に，解決過程を板書に位置付ける。	・手順を意識しながら，文字を用いて命題の説明を行い，結果を共有する。
10．11の倍数になることがいえるように，説明の手順を整理していく。	・結論を意識しながら文字式を使って説明を考える。
11．「文字式で表す」→「文字式を変形する」→「変形した文字式を読む」のサ	・11の倍数になることを説明するために $11×$（整数）の形にしたことを理解す

イクルを確認し，「文字式を変形する」段階に注目させ，説明の構想に何が必要かを確認する。 12．別の命題を考えるよう促す。 13．新たな命題をつくり，構想を確認する。 命題2 　2桁の自然数とその数の十の位の数と一の位の数を入れ替えた数の差は9の倍数になる。 14．個人思考の時間をとる。 15．隣同士でペアになって，互いに説明し合うよう指示する。 16．授業の振り返りをワークシートに記入するよう指示する。	る。 ・板書を見ながら別の命題を考える。 　「二つの差が9の倍数になりそう」 　「必ずいえるかな」 ・命題2を理解し，構想を考える。 　「9×（整数）の形になれば9の倍数になるといえる」 　「9×（整数）になりそう」 ・命題1の説明を参考にしながら，命題2がいつでも成り立つ理由を考え，表現する。 考　ワークシートに，構想を意識した説明を表現することができた。 ・ペアで表現の仕方を確認しながら説明を聞き合う。 　「やっぱり9×（整数）になった」 ・授業の振り返りを記入する。 　「文字を使うと，いつでもいえることが確かめられた」 　「見通しをもって式変形すると説明しやすかった」 　「ほかの命題もつくれるかもしれない」 　「ほかの命題も同じように説明することができそうだ」

(3)　「主体的・対話的で深い学び」を実現するための工夫

　生徒にとって必要感のある学習であることが「主体的・対話的で深い学び」を実現するための大前提となる。したがって，生徒が「問い」を見いだし，解決に向かっていきたいという意欲を引き出すことが大切である。授業は一斉授業を主とするが，適宜，ペア学習を取り入れたり，個々の考えを全体の場で共有したりすることで生徒同士のつながりを大切にしながら進めていく。また，生徒同士をつなぐ役割として板書の機能は重要である。生徒のつぶやきや発言を生かし可視化していくことで，思考を整理し課題解決に向かうための一助とする。

また，展開において，以下の点を意図してすすめていくことによって，「主体的・対話的で深い学び」の実現を図っていく。

① **主体的な学びを実現するために**

　「1．2桁の整数を取り上げて十の位と一の位を入れ替えた数との和を問う。」では，いきなり式を作って問題を提示するのではなく，生徒に2桁の整数を答えてもらい，その数を教師側で十の位の数と一の位の数を入れ替えた数を横に並べて書く。しばらくして，「＋」の記号を間に入れ，いくつになるかを聞くというやりとりを通じて，規則性に目を向けられるように促す。

　「4．数が変わっても同じことがいえるかを改めて問い，学習課題を共有する。」では，板書された例以外についても考えるように促し，文字の必要性を意識できるような発問を行う。単元の指導計画で示したように，第1学年や第2学年の始めに本時につながる学習を行っておくと，自然と生徒は「いつでも？」という考え方をもつようになるので，そこを引き出し，学習課題につなげていく。

　「5．個人思考の時間をとり，どのような方法がよいか全体に投げかけ，発言を板書する。」では，まず個人で考える時間を保証することが大切である。学んできたことを自分で引き出しながら解決に向かっていくことで，どこまで分かるのか，どこから分からないのかが焦点化される。その上で，全体の場でどのような見通しが必要かを共有する。そうすることで，解決に向かうことが困難な生徒にとって思考を促すきっかけとなり，解決途中の生徒にとっては自分が考えたことを確かめたり修正を加えたりすることができる。

② **対話的な学びを実現するために**

　「6．文字がなぜ有効なのかを確認し，文字を二つ使うとよいことを全体で共有する。」では，文字を使うことのよさを確認する場となる。見通しで考えた方法が演繹的な考え方であることを理解するために必要な場であるので，学習課題に戻って，「文字を使うといつでも

成り立つことが説明できるのはなぜか？」を問い直していきたい。

「9．生徒の発言を基に，解決過程を板書に位置付ける。」では，説明の仕方を共有していくことにより，よりよい説明の仕方を見いだしていく。生徒の表現を大切にしながら，「文字式で表す」→「文字式を変形する」→「変形した文字式を読む」のサイクルの重要性が伝わるように板書していく。

「11．『文字式で表す』→『文字式を変形する』→『変形した文字式を読む』のサイクルを確認し，『文字式を変形する』段階に注目させ，説明の構想に何が必要かを確認する。」では，よりよい説明にするために必要な手順を確認することになる。生徒は，説明を前から順に組み立てるが，見通しをもってそこにつなげるように思考することでより鍛錬された表現ができることに目を向けさせたい。命題として示したいことと「文字式を変形する」こととのつながりを，板書を用いて気付かせることが重要である。

「15．隣同士でペアになって，互いに説明し合うよう指示する。」は，自分の言葉で説明する場とする。表現したことが相手に伝わりやすいかどうかを他者評価として確認することができ，ペアワークにより，自分自身の理解を深めたり，捉え直したりすることができるようになる。

③ 深い学びを実現するために

「8．11の倍数をどのように表現すればよいか，1年生のときの学習を想起させる。」で，説明の最終的な方向性を明らかにしていく。数を文字で表し，漠然と計算をしていくのではなく，どのような形で表すことができれば命題が成り立つことを説明できるのか，式変形を予想し，証明の道筋を構想することができるように促していく。ここで，「2．単元の指導計画」で示したように，数列のきまりを見つける探究的な学習を1時間行っておくことによって，本時で構想を組み立てる思考につながっていくのである。

「10．11の倍数になることがいえるように，説明の手順を整理していく。」で，目的となる11×（整数）の形を意識させながら生徒の発言をもとに説明を組み立て，その手順を板書として整理する。目的を明確にすることによって，式を変形することの価値が明確になり，筋道の通った説明を構成することができることを実感できるようにする。

このように，文字を使って演繹的な説明をする際，結論を示すためにどのような形に文字式を変形すればよいのか，見通しをもちながら解決に向かっていくことで適切に解決したり，論理的に表現したりすることができるようになる。証明の道筋をあらかじめ構想し，説明を構想していくことは，図形領域における論証にも生かすことができ，統合的に考察する力が身に付くといえる。

「12．別の命題を考えるよう促す。」で，新たな視点をもつよう促していく。1つの事象に対して多様な見方ができるようにすることは発展的に考えるための素地といえる。生徒が自ら発見していけるようになることを目指し，本単元では教師側からの積極的なアプローチがあってもよいと考える。

「13．新たな命題をつくり，構想を確認する。」は，命題1の説明をする際に確認した「文字式で表す」→「文字式を変形する」→「変形した文字式を読む」のサイクルとそのサイクルを機能させるための見通しの立て方を生かす場として位置付ける。

このように，学んだことを別の命題に当てはめて考え直し，表現の仕方を学び直したり，発展的に考察したりすることは数学的活動として位置付けられている。また，数の性質に着目してその規則性を捉え，論理的，統合的，発展的に考えることは知識・技能の定着だけでなく，数学的な見方・考え方を身に付けることにもつながっていく。

【参考資料】

○板書の実際

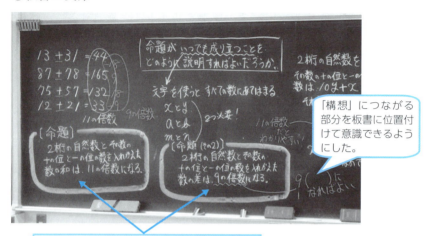

命題を2つ並べることで，命題の構造や結論の違いが明確になるように板書に位置付けた。

「構想」につながる部分を板書に位置付けて意識できるようにした。

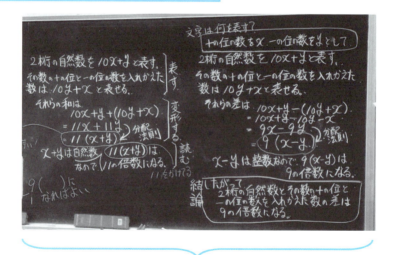

命題2の説明で，命題1の説明が生きるように板書の位置を工夫した。

○ワークシート

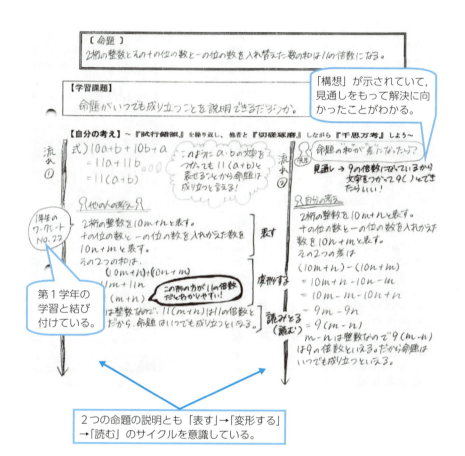

B 図 形

〈第３学年〉
領　域：図形
単元名：平行線と線分の比
授業のポイント：三角形の内部に平行な直線を引いた場合は証明が循環論法になっていることに気付き，前時までの学習から平行な直線を三角形の外部に引いたり，グループで証明を修正したりして，評価・改善することを重視した授業。

1　単元の目標

(1)　「知識・技能」の目標
・平面図形の相似の意味及び三角形の相似条件について理解する。

(2)　「思考・判断・表現」の目標
・三角形の相似条件などを基にして図形の基本的な性質を論理的に確かめる。
・平行線と線分の比についての性質を見いだし，それらを確かめる。
・相似な図形の性質を具体的な場面で活用する。

(3)　「主体的に学習に取り組む態度」の目標
・数学的活動の楽しさや数学のよさを実感して粘り強く考え，数学を生活や学習に生かそうとしたり，問題解決の過程を振り返って評価・改善しようとしたり，多様な考えを認めてよりよく問題解決しようとしたりする。

2 単元の指導計画

(1) 単元構成と授業時間数

小単元		授業時間数	
1．平行線と線分の比の証明 ・「△ABCで，辺AB，AC上にそれぞれ点P，Qがあるとき，PQ∥BCならばAP：AB＝AQ：AC＝PQ：BC」が成り立つことを三角形の相似条件を用いて証明する。（図ア） ※図アを以下「基本の形」と呼ぶ。 ・点PとQがそれぞれAB，ACの延長線上の位置にあっても，PQとBCが平行ならば同じ関係が成り立つことを説明する。（図イ） ※図イを以下「砂時計の形」と呼ぶ。 ・「△ABCで，辺AB，AC上にそれぞれ点P，Qがあるとき，PQ∥BCならばAP：PB＝AQ：QC」が成り立つことを三角形の相似条件や平行四辺形の性質を用いて証明する。（図ア）	ア （△ABCにP,Qを結ぶ図） イ （砂時計形の図）	2時間	10時間 （合計）
2．平行線にはさまれた線分の比の証明 ・「二つの直線が三つの平行な直線と交わっているとき，a：b＝a'：b'，a：a'＝b：b'」が成り立つことを，平行線と線分の比の性質や平行四辺形の性質を用いて証明する。（図ウ）	ウ （平行線と a,b,a',b' の図）	1時間	
3．平行線と線分の比の性質を使った問題 ・右の図で，AB，CD，EFは平行で，AB＝12cm，CD＝8cmのとき，EFの長さを求める。（図エ） ・右の図で，印をつけた角の大きさが等しいとき，BDの長さを求める。（図オ） さらに，「△ABCで，∠Aの二等分線と辺BCとの交点をDとするとき，AB：AC＝BD：DC」が成り立つことを証明する。	エ （AB=12cm, CD=8cm の図） オ （AB=8cm, AC=4cm, DC=3cm の図）	2時間	

201

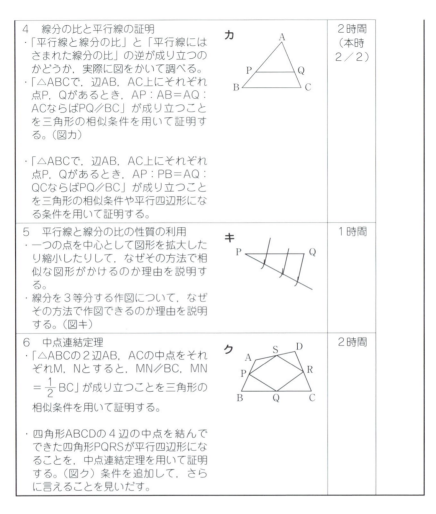

4　線分の比と平行線の証明 ・「平行線と線分の比」と「平行線にはさまれた線分の比」の逆が成り立つのかどうか，実際に図をかいて調べる。 ・「△ABCで，辺AB，AC上にそれぞれ点P，Qがあるとき，AP：AB＝AQ：ACならばPQ∥BC」が成り立つことを三角形の相似条件を用いて証明する。（図カ） ・「△ABCで，辺AB，AC上にそれぞれ点P，Qがあるとき，AP：PB＝AQ：QCならばPQ∥BC」が成り立つことを三角形の相似条件や平行四辺形になる条件を用いて証明する。	カ	2時間 （本時 2／2）
5　平行線と線分の比の性質の利用 ・一つの点を中心として図形を拡大したり縮小したりして，なぜその方法で相似な図形がかけるのか理由を説明する。 ・線分を3等分する作図について，なぜその方法で作図できるのか理由を説明する。（図キ）	キ	1時間
6　中点連結定理 ・「△ABCの2辺AB，ACの中点をそれぞれM，Nとすると，MN∥BC，MN＝$\frac{1}{2}$BC」が成り立つことを三角形の相似条件を用いて証明する。 ・四角形ABCDの4辺の中点を結んでできた四角形PQRSが平行四辺形になることを，中点連結定理を用いて証明する。（図ク）条件を追加して，さらに言えることを見いだす。	ク	2時間

(2)　「主体的・対話的で深い学び」を実現するための見通し

① 主体的に学習を見通し振り返る段階的な単元の構成

　単元を通して，子供が段階的に見通しを持つ質を高めることができるようにする（表1）。小単元1の2時間目では図形の内部に平行な直線を引くことを教師が示し，子供が2つの三角形が相似になることや平行四辺形の性質を使えばAP：PB＝AQ：QCがいえるという見通しをもつ。【段階①評価A】

小単元2では，前時の学習を基に図1のように線を引けば，平行四辺形や小単元1で学習した基本の形ができるからa：b＝a'：b'が言えるという見通しを子供自身がもつ。さらに図2のように対角線を引いた子供の考えから，基本の形が二つあるからこれでもいえるという見通しをもつ。【段階②評価A】

小単元3の2時間目では△ABCの内部にACに平行な直線を引けば（図3），基本の形や二等辺三角形ができるから，BDの長さを求めることができるという見通しをもつ。しかし，求め方が複雑であるため，教師から"もっとよい引き方はないか"，"平行な直線を三角形の外部に引いたらどうか"と投げかけ，子供は図4や図5を見付ける。これらは砂時計の形や基本の形を含むため，子供はBDの長さを求められそうだという見通しをもつ。【段階③評価A^+】

表1　見通しの段階

段　階	評　価
①　教師が示した手立てをもとに，子供が見通しを立てる。	A
②　子供自身が見通しを立て，教師が評価する。	
③　子供自身が立てた見通しに，教師がさらに豊かな視点を与え，子供がその視点をもとにさらなる見通しを立てる。	A^+
④　子供自身が豊かな視点で見通しを立て，教師が評価する。	

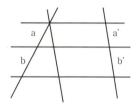

図1

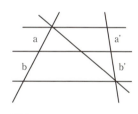

図2

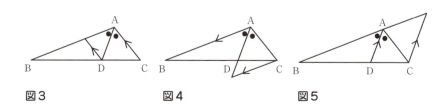

図3　　　　　図4　　　　　図5

また，振り返りについても，単元を通して，子供が段階的に振り返る質を高めることができるようにする（表2）。小単元1の2時間目では教師から「相似な三角形の対応する辺の長さの比は等しい」ことが「線分の比を保ったまま移す」働き，「平行四辺形の2組の向かい合う辺がそれぞれ等しい」ことが

表2　振り返りの段階

段　階	評　価
① 教師が示した観点を基に，子供が振り返る。	A
② 子供自身が見いだした観点を基に振り返り，教師が評価する。	
③ 子供自身が見いだした観点に，教師がさらに豊かな観点を与え，子供がその観点を基に振り返る。	A⁺
④ 子供自身が豊かな観点で振り返り，教師が評価する。	

「線分の長さを移す」働きを果たしていることを示し，子供が振り返って意味を理解する。【段階①評価A】

　小単元3の2時間目では図3〜5のどの引き方でも，「二等辺三角形や平行線と線分の比の性質を使うことでBDの長さを求めることができた」ことを子供自身が振り返る。さらに，教師から「二等辺三角形の二辺の長さは等しい」ことや「平行線と線分の比の性質」がこの問題でどのような働きを果たしているかという観点を与え，前者は「線分の長さを移す」，後者は「線分の比を保ったまま移す」働きを果たしていることを振り返る。【段階③評価A⁺】

② **証明の妥当性を判断するための「教師が示す場面」と「子供が考える場面」の組み立て**

　小単元1の2時間目で，図6における△APQ∽△QRCの証明は「教師が示す場面」として設定する。その際，日頃から間違いが多いキャラクターである「花子さん」が考えた証明を教師が提示する。子供は証明を読み，"この証明は正しいのか"と疑いをもち，証明の

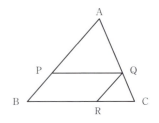

図6

妥当性を判断する。このとき，教師は「PQ／／BCより同位角が等しいので∠AQP＝∠C…①，∠APQ＝∠QRC…②」という証明を提示する。子供は②で，平行線の同位角から∠Bとの関係を述べたり，平行線の錯角から∠PQRとの関係を述べたりしていないこと等を理由に，間違っていると判断する。さらに，「AB／／QRより同位角が等しいので∠A＝∠RQC」を述べれば，もっと簡単に証明できるという子供の意見を教師が取り上げる。また，子供が相似の証明だけで満足しないように，相似の証明から先の結論までの部分を「子供が考える場面」として時間を十分確保する。

3 本時について

(1) 本時の目標

・平行な直線を△ABCの内部に引いた場合の証明は循環論法であることに気づき，前々時の学習を基に平行な直線の引き方を修正する。
・循環論法である証明のどこを修正するかを判断し，正しい証明を書く。

(2) 本時の展開

教師の指導・留意点	生徒の学習活動・評価
1．本時は「△ABCで，辺AB，AC上にそれぞれ点P，Qがあるとき，AP：PB＝AQ：QCならばPQ／／BC」を証明することを確認し，補助線をどのように引いたらよいか問う。	・補助線の引き方を考える。 〈予想される生徒の反応〉 　小単元1の2時間目で平行な直線を内部に引いて証明したから，下の図のようにQRを引けば証明できそうだ。 （図：△ABC，PはAB上，QはAC上，RはBC上で，PQとQRが引かれている）

2. 花子さんの証明を紹介し，正しいかどうかを問う。 　Ｔ：花子さんの証明は正しいでしょうか。 Ｓ１：花子さんの証明は正しそうだな。 Ｓ２：そうかな。△APQ∽△QRCがいえれば正しいけど，いえるの？∠A＝∠RQCしかいえないと思う。先生，花子さんは△APQ∽△QRCをどのように証明したのですか。 　Ｔ：こうですよ。(花子さんの△APQ∽△QRCの証明を見せる。) Ｓ３：わかった。PQ∥BCから∠PQA＝∠RCQを述べている。結論を使っているから，花子さんの証明は間違っているよ。	
3. 間違いを修正すれば正しい証明になりそうだという見通しを引き出し，問題を提示する。	・平行な直線の引き方を修正すればよさそうだという見通しを持つ。
〈問題〉 　平行な直線の引き方を修正して，花子さんの証明を基に正しい証明を書こう。	
4. 個人で平行な直線の引き方を考えるよう指示する。 ・手がつかない子供には，ノートを見て，前々時の引き方を参考にすることを促す。 ・PQの延長した線と点Cを通りPBに平行な線との交点をRとした子供の考えを全体で確認する。	知識　技能 ・各自で平行な直線の引き方を考える。 〈予想される生徒の反応〉 ・前々時に三角形の外部に平行な直線を引いたから，今回も△ABCの外部に引いたらどうか。 ・下の図のようにしたら，三角形の相似がいえそうだ。 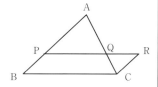
5. 個人で花子さんの証明を修正するよう指示する。	考 ・花子さんの証明に赤ペンで修正を書き入れる。
6. グループに花子さんの証明を印刷したプリントを１枚配布し，赤マジックで修正するように指示する。 Ｓ１：△APQ∽△QRを△CRQにして…これはいえるよね。 Ｓ２：うん。今度はどの角も等しいよ。対頂角も使えるから。 Ｓ３：あとは，花子さんの証明のQRをCRに修正したり，四角形PBRQをPBCRにしたりすればいいよね。 Ｓ４：相似の証明の後は花子さんの証明の流れがそのまま使えるぞ。	
7. 修正した証明が正しいかどうか，全体で確認をする。	・グループで修正した所を１か所ずつ発表する。

8. 本時の振り返りをする。
・前々時のように，平行な直線を三角形の外部に引くと対頂角や平行線の錯角が使えて，相似を証明できた。
・間違っていた花子さんの証明を基に考えると流れをつかみやすく，正しい証明を書くことができた。

9. 教師から観点を与え，本時の振り返りを深める。
・今日の「線分の比を保ったまま移す」働きを果たしているのは，以前もでてきた「相似な図形では対応する線分の比が等しい」ことだ。今日は「仮定」もそうだと思う。
・花子さんの証明は以前（小単元１の２時間目）の間違いと今回の間違いでちょっと違う。今回は結論を使っている間違いだ。

(3) 「主体的・対話的で深い学び」を実現するための工夫

① 学習を見通し振り返る段階③の学習場面の設定

　見通しをもつ場面では，子供が平行な直線を三角形の内部に引くという見通しをもつが，間違っていた花子さんの証明から平行な直線の引き方を修正し，外部に引くという見通しをもつ。【段階③評価A^+】

　振り返りの場面では，子供の振り返りの後に教師がさらなる観点を与え，振り返りを深める。教師から「本時の線分の比を保ったまま移す働きをしていることはなんですか」や「間違っている理由がどう違いますか」と投げかけ，以前の学習と比較しながら振り返る。【段階③評価A^+】

② 証明の妥当性を判断することの理由の違いに対する意識を高めるための「教師が示す場面」と「子供が考える場面」の組み立て

　小単元１の２時間目と同様に，本時も教師が花子さんの証明を示し，子供は証明の妥当性を判断する。小単元１の２時間目と本時で，以下のような理由の違いに対する意識の高まりを期待する（表２）。

　教師が示す際には，「花子さんの証明１」のように△APQ∽△QRCから提示する。これにより，花子さんの証明は正しいと判断する子供が多くなる。子供たちの中から，△APQ∽△QRCはいえるのか，花子さんはどのように証明したのかという疑問が出てきたら，教師から

表2 証明の妥当性を判断することの理由の違い

	小単元1の2時間目	本時（小単元4の2時間目）
妥当性	証明は間違っている。	証明は間違っている。
理由	前提と結論は適切であるが，その間を埋める推論がない。 ・∠APQ＝∠QRCは∠Bとの関係等を述べなければならない。	前提が正しくない推論である。（循環論法） ・結論PQ／／BCを証明の根拠に使っている。

「花子さんの証明2」を紹介する。この証明の中で，子供は「結論PQ／／BCを使って角が等しいことを述べている」という間違いを発見し，結論を証明の中で使ってはいけないことを確認する。

証）△APQ∽△QRCより，
相似な図形では対応する
線分の比が等しいので，
AP：QR＝AQ：QC…①
仮定より　AP：PB＝AQ：QC…②
①　②よりAP：QR＝AP：PB
よって　PB＝QR…③
PB／／QRと③より
（平行四辺形になる条件）ので，
四角形PBRQは平行四辺形である。
よって，PQ／／BCがいえる。

花子さんの証明1

証）点Qを通り，辺ABに平行な直線を
引き，辺BCとの交点をRとする。
△APQと△QRCにおいて，
AB／／QRより同位角は等しいので
∠PAQ＝∠RQC…①
PQ／／BCより同位角は等しいので
∠PQA＝∠RCQ…②
①②より
2組の角がそれぞれ等しいので，
△APQ∽△QRC

花子さんの証明2

「子供が考える場面」では，平行線の引き方と証明を修正する場面を設定する。平行線の引き方は前々時に，三角形の内部から外部に引いていることから，外部に引くことを子供が想起できるようにする。証明は個人で修正した後，グループで修正を書き入れる。子供が"長い"，"難しい"と感じる本時の証明だが，修正する活動を通して，どこを変えずに，どこを変えれば，正しい証明になるかという視点で証明を書くことができる。

第3節　事例：新教育課程を生かす授業

○板書計画：

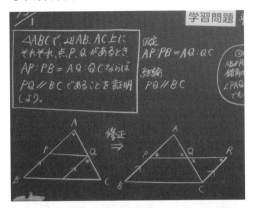

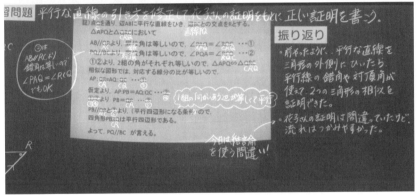

【参考文献】
○松沢要一『中学校数学科　授業を変える教材開発&アレンジの工夫38』明治図書出版，2013年，pp.112-115

C 関数

> 〈第1学年〉
> 領　域：関数
> 単元名：ともなって変わる二つの数量の関係を調べよう
> 授業のポイント：本時の授業は，単元「ともなって変わる二つの数量の関係を調べよう」の第4時（終末の段階）において，日常生活や社会の中の事象として，「ナースウオッチ」を扱い，単元の中で学習した関数関係を用いてその仕組みを明らかにできるようになることをねらいとしたものである。本時で提示する学習問題は，教科書の問題を参考にして，生徒にとって問題解決の必要性が高まるように作成した。ただ単に，問題の答えを求めさせるのではなく，なぜそうなるのか根拠を示させることを重視することで，図形の証明問題のように，関数領域の問題でも論理的な説明ができるようにした。よって，小単元の中で，説明を書く際のポイント（「関数を決めた根拠」「用いる関数」など）を段階的に増やしていったり，小グループごとの説明を比較させる場を設けたりすることで，対話的に，だれもが納得できる説明の進め方を明らかにさせることをねらった実践である。

1 単元の目標

(1) 「知識・技能」の目標

比例，反比例などの関数関係を，表，式，グラフなどを用いて的確

に表現したり処理したりして，その意味を説明することができる。

(2) 「思考・判断・表現」の目標

具体的な事象から取り出した二つの数量の関係が比例，反比例など，どのような関数関係であるか判断し，その変化や対応の特徴を捉えて説明することができる。

(3) 「主体的に学習に取り組む態度」の目標

具体的な事象の中にある二つの数量の関係を見いだそうとしたり，それらを表，式，グラフなどを用いて考察しようとしたりしている。

2 単元の指導計画

(1) 単元構成と授業時間数

小単元　学習活動と主な学習内容（・）	授業時間数	
1　ともなって変わる数量の関係を調べる。 (1) 小物入れの箱を作り，四隅から切り取る正方形の一辺の長さとそれに伴って変わる数量を調べる。 　・関数　・変数 (2) 表やグラフを使って関数の様子を調べる。 　・表　・グラフ　・変域	2時間	13時間 （合計）
2　比例の関係にある二つの数量について調べる。 (1) 線香に火をつけてからの時間と，燃えた長さの関係について調べる。 　・比例　・比例定数 (2) 変数が負の値をとる事象について調べる。 　・比例定数が負の数のときの値の変化の仕方 (3) 平面上の点の位置を座標平面上に表す。 　・座標　・原点　・座標軸 (4) 比例の関係をグラフに表す。 　・比例のグラフ 　・変域のあるグラフ	5時間	
3　反比例の関係について調べる。 (1) 面積が等しいいろいろな長方形を作り，ともなって変わる二つの数量関係を調べる。 　・反比例 (2) 反比例の関係を表や式に表して調べる。 　・反比例の式 (3) 反比例の関係をグラフに表して調べる。 　・双曲線	4時間	

4　比例や反比例の関係を利用して身のまわりの問題を解決する。 (1)　比例の関係を使って，いろいろな都道府県の面積を調べる。 　・比例関係にある二つの数量 (2)　ナースウォッチのしくみを調べる。 　・日常生活の中で役立つ関数関係	2時間 （本時 2／2）

(2)　「主体的・対話的で深い学び」を実現するための見通し

①　主体的に学習を見通し振り返る場面の設定

　生徒の主体的な問題解決を通して，学習内容の習得を図ることができるように，学習内容の配列を基に単元を大きく四つに分ける。各小単元の初めには，日常生活や社会の中で関数と深く関わりのある事象を考察させることで生徒の興味・関心を喚起する。また，小単元の最後の場面では，扱った事象の中にある関数関係や問題解決の過程を振り返らせる時間を設定し，見方・考え方や明らかになった原理・原則の有用性を実感できるようにする。

②　全体やグループで対話する場面の設定

　基本的には，一単位時間の問題解決の中で，「自己解決」→「ペア活動」または，「4人グループでの活動」→「一斉解決」の活動の流れを作り，対話の場が活性化していくようにする。ただし，小単元2の「燃える線香」の考察や小単元3の「いろいろな長方形の考察」は，教材や実験器具，データ取りなどの観点から，協同的・対話的なグループ活動としてスタートすることがよい。

③　学びの深まりをつくり出すための子供が考える場面と教師が教える場面の組み立て

　この点についても，基本的には一単位時間の中で，学習問題を自己解決→小集団解決→一斉解決という過程を仕組むことで，子供が考えたり，話し合ったりする場を広げ，学びの深まりを目指す。特に，一斉解決の場では，様々な子供の考えを取り上げながら，「最も分かりやすいのは？」や「最も簡単な方法は？」などの教師の問いかけにより，子供たちが根拠をもって判断したり，結論付けたりできるように

して学習内容の深い理解を目指す。また，単元の中では，小単元２，３の比例，反比例，それらのグラフを扱う場面において，学習プリントや板書を使って，関数の特徴をしっかりと整理する。

3　本時について

(1)　本時の目標

ナースウオッチの仕組みを説明する活動を通して，根拠を示しながら関数関係を明らかにする必要性を実感できる。

(2)　本時の展開

教師の指導・留意点	生徒の学習活動・評価
1　「踏み台昇降運動」を話題にしながら，脈の速さを測るための「ナースウオッチ」を紹介する。 2　ナースウオッチの特徴を発言させながら，学習問題を提示する。	・「踏み台昇降運動」のやり方や目的について，経験したことや知っていることを発表し合う。 ・ナースウオッチの文字盤の特徴を発表し合う。
〈問題〉 　次の【写真1】は，「ナースウオッチ」とよばれる時計です。この時計には，時刻や時間を知るための目もりのほかに，1分間の脈拍数をより短い時間で測定するための目もりが，文字盤の外側についています。このナースウオッチでは，1分間の脈拍数を，次のようにして測ります。 ①　秒針が文字盤の12，または6の数字を指したところから，脈拍を20回数える。 ②　①のときに秒針がさした文字盤の外側にある目もりを読む。 ③　②で読んだ数が，1分間の脈拍数になる。 　このナースウオッチを使って，秒針が文字盤【写真2】の12の数字をさしたところから測って，脈拍を20回数えたとき，秒針が【写真2】の位置にありました。 　このとき1分間の脈拍数は，何回か求めなさい。 【写真1】 【写真2】	
3　問題解決の見通しをもたせる。	・ナースウオッチの文字盤にある数字を読み，1分間の脈拍数を予想する。
T：秒針が「4」を指したときの1分間の脈拍は何回になりますか？ S1：60回！ T：なぜすぐに分かりましたか？ S1：文字盤の外側に「60」と書いてあります！ T：では，本当に60回ですか？なぜそうなるか根拠をもって説明できますか？ S2：……。 T：きちんとその理由を示すのは，なかなか難しそうですね。 　　では，めあてを確認しましょう。	

めあて
秒数と外側の目もりの関係に着目して，1分間の脈拍数の求め方を分かりやすく説明しよう。

4　問題を自己解決させる。 ・机間指導を行い，記述が進まない生徒には，前時までの学習プリントを振り返らせて，どのような手順で進めればよいか助言する。 5　互いの考えを4人グループで説明し合わせ，グループで最も分かりやすい説明をホワイトボードに記述させる。 6　各班が記述したホワイトボードを前の黒板に貼らせる。 　　特徴のあるいくつかの班に，説明させる。	・学習プリントに自分の考えを記述する。 [知識][技能] 　関数関係を用いて，脈拍数の求め方を説明できているか。 〈学習プリント記述分析〉 ・4人グループで互いの考えを説明し合い，最も分かりやすい説明の仕方を話し合う。

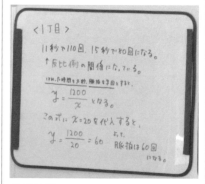

〈記述例①〉

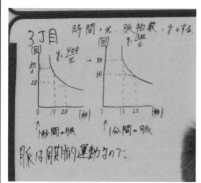

〈記述例②〉

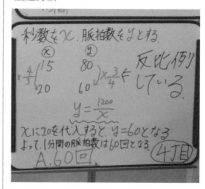

〈記述例③〉

7　各班の発表を基に，分かりやすい説明の進め方を黒板にまとめる。	・各班の発表内容を比較しながら，分かりやすい説明の仕方を明らかにする。

第3節　事例：新教育課程を生かす授業

> T：どの班も最初に何をしていますか？
> S1：いくつか，秒数と脈拍の組み合わせを示しています。
> T：そうですね。それはなぜですか。
> S2：秒数の変わり方と，脈拍の変わり方の規則性を見つければどんな関数か分かるからです。
> T：例えば，15秒で80回，20秒で60回のように関数を決める根拠を書きましょう。4班が説明してくれたように，x が3分の4倍になると，y が4分の3倍になっているので反比例といえますね。では，どんな式になりますか？
> S3：x と y をかけると比例定数が分かります。
> T：よって，$y=x$ 分の1200になるわけですね。では，20秒の時の脈拍の回数はどうやって確かめますか？
> S4：x に20を代入して確かめます。
> T：他の秒数の時の脈拍数を知りたかったらどうしますか？
> S5：x にその秒数を代入すると脈拍数が分かります。
> T：このような手順で関数関係を説明すれば分かりやすいですね。

評　式，表，グラフを相互に関連させる必要性を述べているか。
〈学習プリント分析，様相観察〉

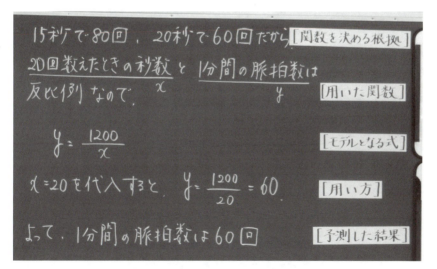

(3)　「主体的・対話的で深い学び」を実現するための工夫

第一に，「学習問題」の設定が考えられる。日常生活や社会の中の，または，数学の世界のどの事象や場面を取り上げ，その中にある何に注目させるかが大切である。そして，問題が焦点化されれば，どのように最適解を導いたか，どのような方法や手順を用いたかを説明し伝

え合わせる場が必要である。ここでは，ペアや3〜4人グループなどテーマや教具によって最適化を図る必要がある。いずれにせよ，一人一人に意見や考えをもたせるためにも自己解決の場も必要である。そして，最後は教師の発問である。本題材においても，表，式，グラフと複数の方法が用いられたが，「どれが最も分かりやすいか？」「どれが最も簡単であるか？」など，簡潔化，明瞭化，一般化などの視点から生徒に問いかけることによって，同質性，異質性などこれまでの学習では不明瞭であった部分が明らかになることで，生徒の学びの実感が高まるのではないかと考える。

D　データの活用

〈第2学年〉
領　域：データの活用
単元名：箱ひげ図
授業のポイント：複数のデータを比較し，分析することを重視した授業

1　単元の目標

(1)　「知識・技能」の目標

　生徒は第1学年のD領域「データの活用」の中で，ヒストグラムや相対度数，累積度数などの必要性と意味やコンピュータなどの情報手段を用いてデータを表やグラフに整理することを学習する。また，A中学校とB中学校の通学時間の傾向など，二つのデータを比較するために度数分布多角形（度数折れ線）を活用することを学ぶ。

　これを受けて第2学年のD領域「データの活用」では，より多くのデータを視覚的に比較する方法として，箱ひげ図を学習する。生徒が四分位範囲や箱ひげ図の必要性と意味を理解し，コンピュータなどの情報手段を用いるなどしてデータを整理して箱ひげ図で表すことができるようになることが，本単元の目標である。

　生徒が自ら四分位範囲や箱ひげ図の必要性に気付いていけるように，小学校で学習する中央値やドットプロットと関連付けながら指導をすることが大切である。

(2) 「思考・判断・表現」の目標

生徒は第1学年でヒストグラムを用いてデータの分布の様子を判断することを学習している。第2学年では、四分位範囲や箱ひげ図を用いて複数のデータの分布の傾向を比較して読み取り、批判的に考察して判断することが目標になる。単一のデータの傾向を分析するだけでなく、複数のデータを同時に比較する活動を行うことで、より批判的な考察を生徒に促すことが可能になる。また、同一のデータをヒストグラムと箱ひげ図の両方で表す活動を取り入れることで、生徒が双方の利点について考えるきっかけをもつことができる。

いずれの活動においても、生徒が個人の考察を行うだけでなく、他者と意見を交換する場面を設けることが大切である。そうすることで生徒は、自分自身の考えを確かめたり、新しい考え方に気付いたりすることができる。自分の意見とは異なった見方や考え方を知ることで生徒の批判的な思考力が高まると考える。

(3) 「主体的に学習に取り組む態度」の目標

生徒が、日常生活で起きる事象を数学化したり、数学的に解釈したり、数学的に表現処理したりする技能を身に付けることが目標になる。目的に応じてデータを収集して分析し、傾向を読み取ること、特に複数の集団のデータの分布に着目して傾向を読み取り、批判的に考察して判断することができるようにしていきたい。

データの活用の学習は、一つのデータでも視点を変えることで様々な解釈が可能であることに特徴がある。一つの判断基準で結論付けた事柄を別の基準で見直すことで、新たな事実を発見することも起こり得る。生徒が問題解決の過程を振り返って評価・改善していくような機会を積極的に設けたい。そうすることで生徒は粘り強く考え、よりよく問題解決する態度を身に付けることができるであろう。

また、話し合い活動などの協働的な場面を設けることで、生徒は多様な考え方に触れ、相互に認め合う機会をもつことができる。生徒が

数学的活動の楽しさや数学のよさを実感して、数学を生活や学習に生かそうとすることで、主体的に学習に取り組む態度を養っていくことができる。

2　単元の指導計画

(1)　単元構成と授業時間数

小単元	授業時間数	
1．四分位範囲と箱ひげ図	2時間	4時間（合計）
2．箱ひげ図の利用	2時間（本時2／2）	

(2)　「主体的・対話的で深い学び」を実現するための見通し

①　学習を見通し、振り返る場面

　小単元1の1・2時間目の題材には、生徒にとって身近な事象を扱いたい。例えば、新体力テストの結果や通学時間などを題材とすることで、生徒は学習に興味を抱き、主体的に取り組むことができるであろう。また、小学校や中学校第1学年で扱ったデータなどを題材とすることも効果的である。

　小単元1の1時間目では、小学校や中学校第1学年での既習事項を振り返ることで、学習の見通しをもたせたい。四分位範囲の学習では、中央値の考え方が重要になる。今回改訂された学習指導要領では、これまで中学校第1学年で学習していた中央値、最頻値等の代表値の内容が小学校第6学年に移行した。中学校第1学年のD領域「データの活用」の中で、ヒストグラム等とともに、代表値を振り返る場面もあろうが、四分位範囲を学習する第2学年で再度振り返って確認しておきたい。

　小単元1の2時間目では、箱ひげ図を学習する。箱ひげ図は最小値、第1四分位数、中央値、第3四分位数、最大値の五つの値でデータを把握するため、表現が簡潔になり複数のデータの比較が分かりや

すく行えることに利点がある。その一方で，グラフに表れる情報が5つの値のみとなるため，元のデータの分布が見えにくくなる特徴がある。指導を行う上で，この点には十分に注意が必要である。

今回改訂された学習指導要領では，小学校でこれまで内容のみの学習となっていた「ドットプロット」を用語としても学習することになった。四分位範囲や箱ひげ図の学習においても，ドットプロットを振り返ることで，生徒が小学校の学習とのつながりを意識することができ，これから学ぶ内容に見通しをもって取り組むことができる。

② グループなどで対話する場面

小単元2の1時間目では，箱ひげ図とヒストグラムを比較する活動を取り入れたい。同一のデータを箱ひげ図とヒストグラムの両方のグラフで表すことで二つのグラフを比較することができる。この場面でグループ学習を行い，対話的にそれぞれのグラフの特徴を考えることも可能であろう。自分の気付きや他者の視点を共有していくことで学習はより深まる。また，二つのグラフそれぞれの利点や欠点を知ることでグラフへの理解も深まるはずである。

小単元2の2時間目では，複数のデータセットを箱ひげ図で比較する活動を取り入れる。第1学年の学習では，ヒストグラムや度数分布多角形（度数折れ線）を用いて二つのデータセットを比較する活動は行われるが，三つ以上のデータセットをヒストグラムや度数分布多角形（度数折れ線）で比較することは困難である。箱ひげ図は，データの散らばり具合を五つの値で表すため表現が簡潔であり，複数のデータセットを同時に比較することに適している。

複数のデータの比較やその分析においては，多面的な視点が必要である。比較や分析の場面においては，ペア活動やグループ活動をぜひ取り入れたい。また，解釈の際に議論が起こるようなデータセットを準備することも対話を引き出すうえで大切である。範囲や箱の長さなど，見方によって解釈が変わるようなしかけをつくっておき，生徒が

第3節　事例：新教育課程を生かす授業

批判的に考察しながら判断できるようにしておきたい。

③ 日常の事象を題材に取り入れること

学習指導要領には，「数学的活動は基本的に問題解決の形で行われる」とある。データの活用では，単元を通して様々な数学的活動を設定していくことができる。統計的な問題解決のプロセスとして，PPDACサイクル（85ページ図2）を取り入れていくことも効果的である。

活動においてまずは，生徒にとって探究したくなる課題を設定することが重要である。指導者側が課題を設定することもあれば，生徒に話し合わせて決めることも考えられる。生徒にとって身近に感じる課題であるほど，主体的に学びに向かう気持ちを引き出すことができる。

次に，課題を解決するために必要なデータを収集する。設定した課題によってデータ収集の方法も様々である。実験やアンケート，インターネットの活用などが考えられる。実際にデータを収集する活動を取り入れることで，データに関する理解がより深まる。特に箱ひげ図では，グラフに表したときに元のデータの分布が見えにくくなってしまうことがある。データへの意識をもたせるという点でもデータ収集というプロセスを経験させることが大切である。データ収集を行うに際しても役割分担をして取り組むなど，グループ活動を取り入れることも考えていきたい。

④ 学びの深まりをつくり出すために，教師が教える場面

小単元1の1時間目や2時間目は，四分位範囲や箱ひげ図の習得の場面になる。ここでは教師の指導が重要な役割を果たす。小学校で学んだ中央値やドットプロット，中学校第1学年でのヒストグラムや度数分布多角形（度数折れ線）など，既習事項と関連付けながら指導を進めていく必要がある。

特に箱ひげ図の指導において注意したいのは，箱やひげの長さとデータの分布との関係である。生徒がこれまでに学んできているグラ

フでは，棒グラフにおけるグラフの長さや円グラフにおけるグラフの面積など，長ければ長いほど（広ければ広いほど）含まれるデータの数が多いという関係であることがほとんどである。生徒はデータの量を長さや面積に比例させて判断することに慣れている。

一方で箱ひげ図では，箱やひげが長い方が分布が散らばっていて，短い方が密集している様子を示している。この読み取りに生徒は不慣れである。「箱やひげが長い方が含まれるデータが多い」と誤って判断してしまうことが多い。この点には十分に注意して指導を行う必要がある。

導入や習得の場面で元のデータと箱ひげ図の関連を丁寧に指導していきたい。先にも挙げたが，新体力テストの結果や通学時間の比較など，日常事象を題材として扱い，生徒が具体的なイメージをもって考えることができるようにすることが大切である。生徒にとって身近な事柄を教材化することで，箱ひげ図への理解が一層進み，学びをより深めていくことができると考える。

⑤　ICT機器の活用

学習指導要領では，必要に応じてコンピュータなどを積極的に利用することを求めている。小単元1の1・2時間目のような習得の段階では，紙と鉛筆で計算をしたりグラフをかいたりして技能や読み取る力を高めることが重要である。しかし，小単元2の1・2時間目のように，多くのデータ処理が必要となる利用の段階ではコンピュータなどのICT機器の活用を検討したい。箱ひげ図の作成では，表計算ソフトの利用や統計グラフ作成ソフトの活用が考えられる。

教師側の活用として，授業での提示やプリントの作成などに役立てることはもちろんであるが，授業で実際に生徒にICT機器を利用させる活動も取り入れていきたい。表計算ソフト等を活用して箱ひげ図を作成することで，改めて箱ひげ図の意味を振り返ることもできる。

箱ひげ図は複数のデータを比較するのに便利である一方，複数のグ

ラフを準備することにはその分時間がかかる。表計算ソフトや統計グラフ作成ソフトを活用することで，グラフ作成よりも比較・分析に時間をかけられるようにすることも可能である。

　また，データ収集においては，web上のデータを利用することも視野に入れたい。官公庁のデータベースや各種スポーツ協会など，生徒の関心が高いテーマに関わるデータを利用したい。ただし，web上のデータを利用する際には出所や真偽を判断することが重要である。

　生徒が将来，社会生活を送る中でデータを収集・分析する場面に出合ったとき，ほとんどの場合はこれをコンピュータで処理していくことになるであろう。単元を通して効果的にICT機器を活用する場面を取り入れたい。

3　本時について

(1)　本時の目標
・各地域の気温の分布を箱ひげ図で表し，傾向を読み取ることができる。（知識・技能）
・複数のデータを比較する活動を通して，批判的に考察し，目的に応じて説明することができる。（思考・判断・表現）

(2)　本時の展開

教師の指導・留意点	生徒の学習活動・評価
1．前時までの学習内容を確認する。　箱ひげ図のかき方やその特徴について振り返る。	・前時までに学んだ箱ひげ図の特徴と注意点について説明する。
2．日常生活の事象を題材にして生徒の興味を引き出す。	・身近な事柄を自分自身の経験から判断する。
〈問題〉　最も暑い都市はどこだろうか。	
3．生徒の意見を発表させる。	

```
T：毎年，夏になると「記録的な暑さ」が話題になりますが，最も暑いのはどこ
　　の都市なのでしょうか。
S1：都市Aや都市Bなどで最高気温の記録更新というニュースをよく聞きます。
S2：九州地方とか南の都市の方が暑いと思います。
S3：私たちが住んでいるこの地域も結構暑いと思います。
T：どうやって比べればよいでしょうか。
S4：各地域の気温の記録を比べる。
S5：毎日の最高気温と最低気温を調べる。
S6：平均気温を調べたい。
```

生徒の意見を聞きながら発問をして，経験的な判断から，データに基づいたより客観的な視点に気付かせるようにする。 4．課題を整理する。 　生徒の意見を基に，何をどのように調べるかを学級全体で共有する。 ・8月の毎日の気温を調べる。 ・複数地域の気温データを箱ひげ図で表し比較する。 ・最高気温，平均気温，最低気温の三つのデータをそれぞれ比較する。	・日常生活の中で得た情報や，感覚的な印象だけでなく，データを調べて判断する必要性に気付く。 ・活動内容を把握する。
5．データを整理する。 　あらかじめ用意した五つの都市の気温データを配布し，グループごとに分担して箱ひげ図を作成させる。 ・グループで，最高気温，平均気温，最低気温を分担して作業させる。 ・四分位数は31日間を4等分するようにとる。 ・机間指導をして箱ひげ図で表すことができているかどうかを確認する。 ・作業が進まない生徒には，ドットプロットや前時までの内容を振り返るなどさせて，個別に支援をする。	・最大値や最小値，四分位数を調べる。 ・気温データを基に箱ひげ図を作成する。 [知識・技能] 各地域の気温の分布を箱ひげ図で表すことができたか。
6．個人で問題の解決に取り組ませる。 　各地域の箱ひげ図を比較させ，どの都市が暑いといえるかを考えさせる。 ・データをもとに生徒各自が自分の意見をもつことができるように指導する。 ・机間指導をして，適宜助言をする。	・箱ひげ図を比較して，どの都市が暑いかを判断する。 〈予想される生徒の反応〉 ・最大値で比べると，都市Bが最も暑い。 ・都市Dは他の都市に比べて，箱が狭く気温が高い方に寄っているから暑いんだと思う。 [知識・技能] 各地域の気温の傾向を箱ひげ図から読み取ることができたか。 [思考・判断・表現] 複数のデータを比較して，批判的に考察することができたか。

第3節　事例：新教育課程を生かす授業

7．グループで問題の解決に取り組ませる。 　グループで意見を交換しながら，どの都市が暑いかを考えさせる。 ・生徒それぞれが自分の意見を発表しながら，話合いを進められるように指導する。 ・意見を発表し合うことで新しい視点に気付くことができるようにする。 ・机間指導をし，班ごとに意見をまとめるように助言する。	・自分の意見と，他の人の意見を比較して考えを深める。 〈予想される生徒の反応〉 ・平均気温で比較すると都市Cが一番暑いといえると思う。 ・都市Bは他の都市に比べて最高気温は高いけれど，最低気温は低いので暑いのは昼間だけなんじゃないかな。 知識・技能 各地域の気温の傾向を箱ひげ図から読み取ることができたか。 思考・判断・表現 複数のデータを比較して，批判的に考察することができたか。
8．グループの話合いを発表させる。 　グループの代表者に，話し合った内容を発表させる。 ・コンピュータソフト等で作成した箱ひげ図を提示するなどして，グループの意見を理解しやすいようにする。 ・データを根拠にして説明をするように指導する。	・他のグループの意見を聞き，理解を深める。 〈予想される生徒の反応〉 ・自分たちのグループと同じ意見だ。 ・同じグラフでも視点を変えると読み取れることが違うんだ。 ・いろんな見方があることが分かった。 思考・判断・表現 複数のデータを比較して，目的に応じて説明することができたか。

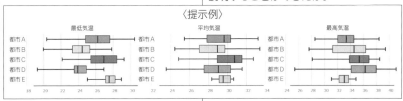
〈提示例〉

T：グループで話し合った内容を発表して下さい。どの都市が暑いと考えたかを，データを基に他の班に分かるように説明しましょう。
S1：五つの都市の中では，都市Cが一番暑いと思いました。平均気温のグラフで比較したとき，箱が最も右に寄っていたからです。
S2：私たちのグループでは都市Eが一番暑いと考えました。どのグラフも範囲や四分位範囲が狭く，特に最低気温が24℃以下の日がなかったからです。
S3：都市Dが最も暑いと思いました。最高気温のグラフを見ると，五つの都市の中で最も気温の高い日があったことが分かるからです。

9．本時のまとめ 　本時を振り返り，箱ひげ図の利用についてまとめる。 ・複数データの比較に箱ひげ図が有効であることを全体で確認する。 ・「暑さ」は気温だけでなく，天気や湿度	・本時の学習を振り返る。 〈予想される生徒の反応〉 ・箱ひげ図を使うと複数のデータを一度に比べられることが分かった。 ・他の班の意見を聞いて自分たちが気付かなかった視点があることが分かった。

など様々な要因が影響するので，結論を強調しすぎないように留意する。 ・経験的な判断や印象だけでなく，データを根拠にして説明することが大切であることを確認する。	・気温だけでなく，その日の天気や湿度なども比べてみたいと思った。 ・今度は，最も寒い地域や夏でも涼しい地域を箱ひげ図を使って調べてみたいと思った。

(3) 「主体的・対話的で深い学び」を実現するための工夫

① 日常生活の出来事を題材に

本事例では，生徒にとって身近に感じる実生活の話題を題材として取り上げた。毎年のようにニュース等でも話題となる夏の暑さについては，生徒も関心のあるところであろう。身近な話題を取り上げることで，生徒の興味を引き出すことができ，学びに主体性をもたせることができる。また，夏の暑さや気温はだれにとっても関わりのあることであるため，対話のきっかけもつくりやすい。

本事例では，夏の暑さを題材としたが，生徒の関心や地域性などを考慮して，冬の寒さや年間の降水量や降雪量などを題材とすることも可能であろう。後述するが気象に関するデータは入手しやすく，加工も容易であり，箱ひげ図に限らず，データの活用の教材として利用しやすい。

② 様々な解釈が可能となる題材を選ぶ

データの活用の学習では，同一のデータから，様々な傾向が読み取れることに特徴がある。数と式など，他の領域で，一つの答えを求めることが多いことと対照的である。データの活用の授業では，様々にデータを解釈していくことを楽しめるようにしていきたい。また，相互の考えを認め合い，多様な見方を受け入れることでより学習が深まるはずである。

本時は夏の暑さを題材に，その判断基準として気温を取り上げた。気温データは気象庁のホームページで調べることが可能であり，比較的容易にデータを収集することができる。また，都市を比較するに当たっても，最高気温，平均気温，最低気温と複数の視点から比較する

ことが可能である。視点が複数あることで、データの解釈も意見が分かれる。1日の気温差が大きい都市を例に挙げると、最高気温で比較した場合は、「他の都市に比べて暑い」という結論を得るが、最低気温で比較した場合は「他の都市に比べて低い」という結論になる。判断の基準を何に置くか、資料をどのように読み取るかによって解釈が分かれる。自分なりの解釈をし、自分なりの考えをもつことで、自分の意見を発表することや他の人の意見を聞くことへの意欲が生まれる。また自分の意見を他者に伝えるために、根拠をもって説明をすることの必要性にも自ずと気付いていくであろう。

様々な解釈が可能となる題材に取り組ませることで、対話が生まれやすいようにし、生徒が主体的に学びを深めていけるようにしたい。

なお、本時の展開の提示例で示したグラフは、気象庁ホームページ (http：//www.jma.go.jp/jma/index.html)「過去の気象データ」の平成23 (2013) 年8月のデータを元に、統計ソフト「StatBox」を用いて作成したものである。また、都市Aは東京、都市Bは埼玉（熊谷）、都市Cは大阪、都市Dは高知（江川崎）、都市Eは沖縄（那覇）である。

③ ICT機器の活用

箱ひげ図は複数データの比較に便利だが、グラフを複数作成することにはその分だけ時間を要する。本時の展開ではグラフ作成の時間短縮のために、「5．データを整理する」の活動のように、箱ひげ図を班で手分けして作成する指導例を示した。一方で、コンピュータ室の利用や、タブレット端末の使用が可能な環境下においては、生徒のグラフ作成の活動にコンピュータを利用することも視野に入れたい。コンピュータを活用することができれば、一人で複数の箱ひげ図を作成することも短時間で行うことができる。その分、作成したグラフを比較する時間、班活動等で話し合う時間をより多く生み出すことができる。作業中心の活動よりも、考える時間、対話をする時間が授業展開の中心になるようにしていきたい。

ビッグデータの活用が話題となる昨今，これからの社会を生きていく生徒にとって，表計算ソフトの活用や，統計グラフ作成ソフトを活用する方法を学ぶことにも少なからず意義がある。環境が整えば，本時の展開においても，気象庁データなどweb上のデータを生徒が直接収集し，グラフ化していく活動も取り入れたい。データ収集の方法を学ぶよい機会ともなるであろう。効果的にICT機器を活用し，生徒の学びを深めていきたい。

④　データに基づいて根拠をもって説明すること

　授業では，「6．個人で問題の解決に取り組ませる」「7．グループで問題の解決に取り組ませる」「8．グループの話合いを発表させる」，という順に展開する。話し合う活動や，グループ学習を行う前に，まず自分の考えをもたせるようにしたい。自分の考えや意見をもってグループ活動に臨むことで，自然と対話が生まれる。自分の考えをもたずにグループ活動に臨んでしまうと，他の人の意見を聞くだけで終わってしまうことが多い。他の人の意見を聞くだけでも学びにはなろうが，そこに対話は生まれてこない。自分の考えをもち，それが正しいかどうか確かめたいと生徒が感じたとき，自ずから他の人との対話が生まれる。自分の意見をもつことが主体的な学びの条件ともいえよう。

　また他者に自分の考えを伝え，それを理解してもらい，さらには共感してもらうためには，説明に説得力が必要である。データの活用の学習においては，データを根拠に示すことが説得力をもった説明につながる。「3．生徒の意見を発表させる」や「4．課題を整理する」の活動の中で，感覚的なイメージや経験的な印象で判断するのではなく，より客観的な根拠を示すことをしっかりと指導しておきたい。複数の箱ひげ図を比較して一定の結論を示すときも，箱の形状や分布の様子，代表値など誰が見ても分かる指標を示すことを指導し，学びを深めたい。

⑤ PPDACサイクルの2周目を意識すること

「9．本時のまとめ」では，箱ひげ図の活用について振り返り，複数データの比較に箱ひげ図が有効であることを確認する。また，「暑さ」の定義があいまいであることや人によって感じ方が異なる場合もあることなどから，結論は強調しすぎないようにする。生徒によっては，「結局どこが暑いのか」と疑問が残る結果となる場合もあろうが，それが次の学びのきっかけになるとも言える。気温という一つの尺度では決定付けられなかった事柄に対しても，「湿度」や「天気」「風速」など他の要因を想起させることで，「もう少し調べてみよう」「別の視点から考えてみよう」という気持ちをもたせたい。得られた結論に対して，別の疑問が浮かんできたときにこそ，主体的に学びに向かう気持ちが生まれてくる。結論を一つに決めないことで，さらなる学びを引き出すこともできる。PPDACサイクル（85ページ図2）の2周目につながるように，授業を展開していきたい。

*[1] PPDACサイクル……統計的な問題を解決するためのフレームワークの一つ。問題解決の過程を，Problem：問題発見，Plan：調査計画，Data：データ収集，Analysis：分析，Conclusion：結論の五つの段階に分けて考える方法。

第5章

指導に向けて検討すべき事項

第1節
教科等間・学校段階間のつながり

Q 中学校数学科と教科等間・学校段階間のつながりをどう捉えたらよいでしょうか。

1　中学校数学科からみた教科等間のつながり

　今回の学習指導要領の改訂では，各教科等を学ぶ本質的な意義を明らかにすることが検討されるとともに，各学校には，学びを教科等の縦割りにとどめるのではなく，教科等を越えた視点で教育課程を見渡して相互の連携を図り，教育課程全体としての効果が発揮できているかどうか，教科等間の関係性を深めることでより効果を発揮できる場面はどこか，といった検討・改善を行うことも求められている。

　中教審答申では，教科等における学習を，知識・技能のみならず，それぞれの教科の体系に応じた思考力・判断力・表現力等や学びに向かう力・人間性等を，それぞれの教科等の文脈に応じて，内容的に関連が深く，子供の学習対象としやすい内容事項と関連付けながら育むという重要な役割を有するものと位置付けている。その一方で，こうした各教科等で育まれた力を，当該教科等における文脈以外の，社会の様々な場面で活用できる汎用的な能力にさらに育てたり，教科等間で横断的に育む資質・能力の育成につなげたりしていくことが必要であり，そのためには，学んだことを教科等の枠を越えて活用していく場面が必要となることを指摘している。

第1節　教科等間・学校段階間のつながり

　こうした取組は，本来，各学校の教育課程全体の枠組みを通じて実現されるべきものであるが，中学校数学科としても，その実現に向けて何ができるのか検討する必要がある。例えば，課題学習の充実は，その方策の一つになるであろう。新学習指導要領では「第3　指導計画の作成と内容の取扱い」において，生徒の数学的活動への取組を促し思考力，判断力，表現力等の育成を図るため，各領域の内容を総合したり日常の事象や他教科等での学習に関連付けたりするなどして見いだした問題を解決する学習を課題学習と位置付け，実施に当たっては各学年で指導計画に適切に位置付けることを求めている。

　課題学習では様々な題材が取り上げられるが，全国学力・学習状況調査の「数学B」の問題もその一つである。問題で取り上げられている文脈や出題の趣旨を活かして，子供の思考力・判断力・表現力等を育成しようとする試みは，毎年，調査結果の発表とともに公開される

3　航平さんの家では，自動車の購入を検討しています。購入を検討しているA車（電気自動車）とB車（ガソリン車）にかかる費用について，航平さんの家での自動車の使用状況を踏まえると，次のようになることがわかりました。

	A車（電気自動車）	B車（ガソリン車）
車両価格	280万円	180万円
1年間あたりの充電代・ガソリン代	4万円（充電代）	16万円（ガソリン代）

　航平さんは，A車とB車について，それぞれの車の使用年数に応じた総費用を比べてみようと思いました。そこで，1年間あたりの充電代やガソリン代は常に一定であるとし，次の式で総費用を求めることにしました。

次の(1)から(3)までの各問いに答えなさい。

(1) A車を購入して10年間使用するときの総費用を求めなさい。

(2) B車を購入してx年間使用するときの総費用をy万円とします。このxとyの関係を，航平さんは次のような一次関数のグラフに表しました。

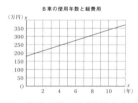

このグラフの傾きは，B車についての何を表していますか。下のアからエまでの中から正しいものを1つ選びなさい。

ア　総費用
イ　車両価格
ウ　1年間あたりのガソリン代
エ　使用年数

(3) A車とB車の総費用が等しくなるおよその使用年数を考えます。下のア，イのどちらかを選び，それを用いてA車とB車の総費用が等しくなる使用年数を求める方法を説明しなさい。ア，イのどちらを選んで説明してもかまいません。

ア　それぞれの車の使用年数と総費用の関係を表す式
イ　それぞれの車の使用年数と総費用の関係を表すグラフ

授業アイディア例の存在もあり，全国的に広く行われるようになっている。「授業アイディア例」とは，全国学力・学習状況調査の調査結果を踏まえて，授業の改善・充実を図る際の参考となるよう，出題した問題を基にした授業のアイディアの一例を示すものであり，国立教育政策研究所のサイトから無料でダウンロードして活用することができる。前ページの図は，平成28（2016）年度全国学力・学習状況調査の「数学B」③の問題であり，電気自動車とガソリン車に必要な「総費用」を「車両価格」と「燃料代」を基に算出し，どちらの車を購入するかを検討する際の参考にしようとする場面を取り上げている。中学校第2学年の一次関数を内容とする問題であり，数学の授業の題材になるのはもちろんであるが，総合的な学習の時間で環境問題をテーマにした学習を行う際に活用することもできるだろう。このように，中学校数学科における指導を基点とし，課題学習を通じて他教科等への学習の広がりをつくり出していくことも積極的に検討していきたい。

2 中学校数学科からみた学校段階間のつながり

中教審答申では，中学校教育の基本として，現行学習指導要領の各教科等の授業時数や指導内容を前提としつつ，高等学校における新たな教科・科目構成との接続を含め，小・中・高等学校を見通した改善・充実の中で，中学校教育の充実を図っていくことが重要であると指摘されている。そもそも算数・数学科は系統性の強い教科であり，指導内容については，各学校段階においてはもちろんのこと，学校段階間においても，既に明確な構成をもっている。今回の学習指導要領改訂では，指導内容の削減を行わなかったことから，こうした学校段階間のつながりは概ね堅持されているが，次の2点については指導に向けて検討が必要である。

（1） 統計的な内容の取扱い

　中教審答申では，算数・数学科の内容の見直しとして，社会生活などの様々な場面で，必要なデータを収集して分析し，その傾向を踏まえて課題を解決したり意思決定をしたりすることが求められていることから，そのような能力を育成するため，小・中・高等学校教育を通じて統計的な内容等の改善について検討していくことが必要であると指摘されている。これを受けて，中学校数学科では新学習指導要領の「データの活用」領域において，第3章の第2節，第3節，第4節で考察したような改善を図っている。この際に注意しなければならないのが，小学校算数科とのつながりである。現行学習指導要領の「資料の活用」領域で指導していた内容である代表値が小学校算数科に移行されるなど，小学校算数科における統計的な内容の取扱いは大きく変更されており，小・中学校を通じた統計的な内容の指導の系統性について改めて検討する必要がある。また，第3章の第1節でもみたように，小学校算数科では下の図のように領域の構成が大きく変更されている。統計的な内容はもちろんのこと，他の指導内容についても，小・中学校間の領域の接続という観点から見直しを図る必要がある。

小学校算数科の内容			中学校数学科の内容	
現行学習指導要領	新学習指導要領		現行学習指導要領	新学習指導要領
第1～6学年	第1～3学年	第4～6学年		
・数と計算 ・量と測定 ・図形 ・数量関係 〔算数的活動〕	・数と計算 ・図形 ・測定 ・データの活用 〔数学的活動〕	・数と計算 ・図形 ・変化と関係 ・データの活用 〔数学的活動〕	・数と式 ・図形 ・関数 ・資料の活用 〔数学的活動〕	・数と式 ・図形 ・関数 ・データの活用 〔数学的活動〕

（2） 数学的活動のつながり

　学校段階間のつながりについては，小学校算数科との数学的活動の関係にも留意する必要がある。中学校数学科における数学的活動につ

第5章 指導に向けて検討すべき事項

		数学的活動
小学校	第1学年	ア 身の回りの事象を観察したり，具体物を操作したりして，数量や形を見いだす活動 イ 日常生活の問題を具体物などを用いて解決したり結果を確かめたりする活動 ウ 算数の問題を具体物などを用いて解決したり結果を確かめたりする活動 エ 問題解決の過程や結果を，具体物や図などを用いて表現する活動
	第2・3学年	ア 身の回りの事象を観察したり，具体物を操作したりして，数量や図形に進んで関わる活動 イ 日常の事象から見いだした算数の問題を，具体物，図，数，式などを用いて解決し，結果を確かめる活動 ウ 算数の学習場面から見いだした算数の問題を，具体物，図，数，式などを用いて解決し，結果を確かめる活動 エ 問題解決の過程や結果を，具体物，図，数，式などを用いて表現し伝え合う活動
	第4・5学年	ア 日常の事象から算数の問題を見いだして解決し，結果を確かめたり，日常生活等に生かしたりする活動 イ 算数の学習場面から算数の問題を見いだして解決し，結果を確かめたり，発展的に考察したりする活動 ウ 問題解決の過程や結果を，図や式などを用いて数学的に表現し伝え合う活動
	第6学年	ア 日常の事象を数理的に捉え問題を見いだして解決し，解決過程を振り返り，結果や方法を改善したり，日常生活等に生かしたりする活動 イ 算数の学習場面から算数の問題を見いだして解決し，解決過程を振り返り統合的・発展的に考察する活動 ウ 問題解決の過程や結果を，目的に応じて図や式などを用いて数学的に表現し伝え合う活動
中学校	第1学年	ア 日常の事象を数理的に捉え，数学的に表現・処理し，問題を解決したり，解決の過程や結果を振り返って考察したりする活動 イ 数学の事象から問題を見いだし解決したり，解決の過程や結果を振り返って統合的・発展的に考察したりする活動 ウ 数学的な表現を用いて筋道立てて説明し伝え合う活動
	第2・3学年	ア 日常の事象や社会の事象を数理的に捉え，数学的に表現・処理し，問題を解決したり，解決の過程や結果を振り返って考察したりする活動 イ 数学の事象から見通しをもって問題を見いだし解決したり，解決の過程や結果を振り返って統合的・発展的に考察したりする活動 ウ 数学的な表現を用いて論理的に説明し伝え合う活動

いては，すでに第3章の第5節で考察したが，小学校算数科における数学的活動とともに学年を追ってまとめると，前ページの表のようになる。小学校算数科でも中学校数学科と同様，複数の学年を束ねて数学的活動を設定していることが分かる。また，子供の発達の段階や，指導内容に則して学年を切り分けていることが分かる。また，第1学年から第3学年までは四つの活動を設定しているが，第4学年以降は中学校数学科と同じ三つの活動に整理されている。ここでは，個々の活動の内容について比較検討することまではしないが，今後は中学校数学科，特に第1学年における数学的活動を通した指導の前提として，子供が小学校の算数の授業でどのような活動に取り組んできているのかを理解し，指導の改善に活かす必要がある。小学校学習指導要領解説算数編に掲載される数学的活動の事例にも目を通し，理解を深めるようにしたい。

第2節
中学校数学科と「社会に開かれた教育課程」

中学校数学科からみた「社会に開かれた教育課程」とはどのようなものでしょうか。

1 「社会に開かれた教育課程」の位置付け

「社会に開かれた教育課程」は、今回の学習指導要領改訂の前提となった中教審答申において、今後目指すべき教育課程の理念として位置付けられたものである。これは、これからの教育課程に、教育が普遍的に目指す根幹を堅持しつつも、学びを学校の中だけに閉ざすのではなく、社会の変化に目を向け、社会の変化を柔軟に受け止めていく役割が期待されているとの判断に基づいている。中教審答申では、「社会に開かれた教育課程」を実現するためには、次の3点が重要になると指摘されている。

① 社会や世界の状況を幅広く視野に入れ、よりよい学校教育を通じてよりよい社会を創るという目標を持ち、教育課程を介してその目標を社会と共有していくこと。
② これからの社会を創り出していく子供たちが、社会や世界に向き合い関わり合い、自らの人生を切り拓いていくために求められる資質・能力とは何かを、教育課程において明確化し育んでいくこと。

第2節　中学校数学科と「社会に開かれた教育課程」

> ③　教育課程の実施に当たって，地域の人的・物的資源を活用したり，放課後や土曜日等を活用した社会教育との連携を図ったりし，学校教育を学校内に閉じずに，その目指すところを社会と共有・連携しながら実現させること。

今回の学習指導要領改訂で「主体的・対話的で深い学び」の実現が求められていることも，「社会に開かれた教育課程」の理念の下，これからの学校教育では，新しい時代を切り拓いていくために必要な資質・能力を子供に育む必要があるとの判断に基づいていると考えることができる。

2　中学校数学科としての対応

1からも分かるように，「社会に開かれた教育課程」は，各教科等の指導にとどまらず，学校教育全体を通じてその実現を目指すべき理念である。したがって，各学校における教科横断的な共通理解が前提

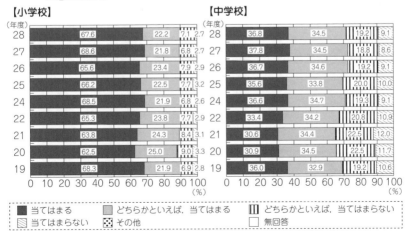

質問：算数・数学の授業で学習したことは，将来，社会に出たときに役に立つと思いますか

となるが，ここでは，中学校数学科としてどのような対応が考えられるのかを二つの視点から考えてみよう。

(1) 数学を学ぶ意義

「社会に開かれた教育課程」では，これからの社会を創り出していく子供が，社会や世界に向き合い関わり合い，自らの人生を切り拓いていくことができるようにすることを重視している。今後は，中学校数学科の指導が，子供にとって自らの人生を切り拓いていく際に役立つものになるようにすることを一層強く意識していく必要がある。これに関連して，全国学力・学習状況調査の質問紙調査における質問事項「算数・数学の授業で学習したことは，将来，社会に出たときに役に立つと思いますか」に対する，小学校6年生と中学校3年生の回答状況は前ページの図のとおりである。肯定的な反応（「当てはまる」と「どちらかといえば，当てはまる」の合計）は，調査開始時から，小学校で90％程度であるのに対し，中学校では70％程度にとどまっている。また，同調査における質問項目「算数・数学の授業で学習したことを普段の生活の中で活用できないか考えますか」に対する回答状

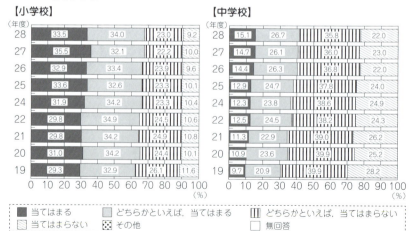

質問：算数・数学の授業で学習したことを普段の生活の中で活用できないか考えますか

況は前ページの図のとおりである。肯定的な反応は，調査開始時から，小学校でも60％から70％程度であるが，中学校については，近年増加傾向がみられるものの，30％から40％程度にとどまっており，半数に満たない状況である。こうした結果からは，子供の数学の学びが依然，教室の中での学びにとどまっており，社会や世界に向き合い関わり合う際に数学がどのような役割を果たすのかといったことを意識した学びにはなっていないことを意味しているとも考えられる。中教審答申には，課題を踏まえた算数・数学科の目標の在り方として，実社会との関わりを意識した数学的活動の充実を図っていくことが求められているが，ここで「実社会との関わりを意識した」という文言が盛り込まれたのは，単に日常生活に関わる題材を取り上げて欲しいというだけではなく，上述したような現状に対し，指導を通じた教師の対応を求めているものと考えられるので，今後の指導の改善の視点として大切にしたい。

(2) 地域からの支援と地域への発信

「社会に開かれた教育課程」では，学校教育を学校内に閉じずに，その目指すところを社会と共有・連携しながら実現させることも重視されている。この点については，既に様々な取組が進められている。例えば，「放課後学習室」等の名称を用い，地域の人材の協力に基づいた子供の学習支援態勢が整備されている地域や学校が増えており，そこでは各教科の学習の基盤となる算数・数学科の学習を対象としている場合が少なくない。こうした取組は，家庭学習の習慣が身に付いていない子供にとって，授業での学びを補う重要な役割を果たし得るものである。今後は，こうした場面で指導に当たる地域の方々と各学校との間で，子供の学習状況や学校の教育目標等の共通理解を深めながら，その一層の実質化を図っていくことが求められる。

また，こうした地域からの支援とともに，中学校数学科としての地域への発信も充実させていくことが考えられる。現在，保護者や地域

住民が学校運営に参画するコミュニティ・スクール（学校運営協議会制度）が全国的な広がりをみせていることと相まって，各学校が，その教育の成果を地域に発信し共有する機会が増えてきている。算数・数学科については，全国学力・学習状況調査の調査結果がその代表的なものかもしれない。しかし，中学校数学科の指導を通じて，子供たちに育まれた学びの成果は，こうした調査結果の数値だけではない。例えば，近年，数学の授業における単元や領域ごとの学びの成果を，子供がレポートや自由研究の形でまとめる学習を取り入れる教師が増えてきている。内容としては，授業での学びを発展させて新たな問題に取り組んだり，日常生活で不思議に思ったことの解決に学んだ数学を使って挑戦したりと様々であるが，子供の学びの振り返りを顕在化するための指導として取り入れられている場合が多い。こうした子供の学びの成果を地域に発信することで，子供が学校教育の中で数学を学ぶことの意義をアピールするとともに，教師の指導に対する一層の理解を求めることも大切なのではないだろうか。

中学校学習指導要領
平成29年3月〔抜粋〕

第2章　各教科
第3節　数　学

第1　目　標

数学的な見方・考え方を働かせ，数学的活動を通して，数学的に考える資質・能力を次のとおり育成することを目指す。

(1) 数量や図形などについての基礎的な概念や原理・法則などを理解するとともに，事象を数学化したり，数学的に解釈したり，数学的に表現・処理したりする技能を身に付けるようにする。

(2) 数学を活用して事象を論理的に考察する力，数量や図形などの性質を見いだし統合的・発展的に考察する力，数学的な表現を用いて事象を簡潔・明瞭・的確に表現する力を養う。

(3) 数学的活動の楽しさや数学のよさを実感して粘り強く考え，数学を生活や学習に生かそうとする態度，問題解決の過程を振り返って評価・改善しようとする態度を養う。

第2　各学年の目標及び内容

〔第1学年〕

1　目　標

(1) 正の数と負の数，文字を用いた式と一元一次方程式，平面図形と空間図形，比例と反比例，データの分布と確率などについての基礎的な概念や原理・法則などを理解するとともに，事象を数理的に捉えたり，数学的に解釈したり，数学的に表現・処理したりする技能を身に付けるようにする。

(2) 数の範囲を拡張し，数の性質や計算について考察したり，文字を用いて数量の関係や法則などを考察したりする力，図形の構成要素や構成の仕方に着目し，図形の性質や関係を直観的に捉え論理的に考察する力，数量の変化や対応に着目して関数関係を見いだし，その特徴を表，式，グラフなどで考察する力，データの分布に着目し，その傾向を読み取り批判的に考察して判断したり，不確定な事象の起こりやすさについて考察したりする力を養う。

(3) 数学的活動の楽しさや数学のよさに気付いて粘り強く考え，数学を生活や学習に生かそうとする態度，問題解決の過程を振り返って検討しようとする態度，多面的に捉え考えようとする態度を養う。

2　内　容

A　数と式

(1) 正の数と負の数について，数学的活動を通して，次の事項を身に付けることができるよう指導する。

資　料

ア　次のような知識及び技能を身に付けること。
　(ｱ)　正の数と負の数の必要性と意味を理解すること。
　(ｲ)　正の数と負の数の四則計算をすること。
　(ｳ)　具体的な場面で正の数と負の数を用いて表したり処理したりすること。
イ　次のような思考力，判断力，表現力等を身に付けること。
　(ｱ)　算数で学習した数の四則計算と関連付けて，正の数と負の数の四則計算の方法を考察し表現すること。
　(ｲ)　正の数と負の数を具体的な場面で活用すること。
(2)　文字を用いた式について，数学的活動を通して，次の事項を身に付けることができるよう指導する。
　ア　次のような知識及び技能を身に付けること。
　　(ｱ)　文字を用いることの必要性と意味を理解すること。
　　(ｲ)　文字を用いた式における乗法と除法の表し方を知ること。
　　(ｳ)　簡単な一次式の加法と減法の計算をすること。
　　(ｴ)　数量の関係や法則などを文字を用いた式に表すことができることを理解し，式を用いて表したり読み取ったりすること。
　イ　次のような思考力，判断力，表現力等を身に付けること。
　　(ｱ)　具体的な場面と関連付けて，一次式の加法と減法の計算の方法を考察し表現すること。
(3)　一元一次方程式について，数学的活動を通して，次の事項を身に付けることができるよう指導する。
　ア　次のような知識及び技能を身に付けること。
　　(ｱ)　方程式の必要性と意味及び方程式の中の文字や解の意味を理解すること。
　　(ｲ)　簡単な一元一次方程式を解くこと。
　イ　次のような思考力，判断力，表現力等を身に付けること。
　　(ｱ)　等式の性質を基にして，一元一次方程式を解く方法を考察し表現すること。
　　(ｲ)　一元一次方程式を具体的な場面で活用すること。
〔用語・記号〕
　自然数　素数　符号　絶対値
　項　係数　移項　≦　≧
B　図　形
(1)　平面図形について，数学的活動を通して，次の事項を身に付けることができるよう指導する。
　ア　次のような知識及び技能を身に付けること。
　　(ｱ)　角の二等分線，線分の垂直二等分線，垂線などの基本的な作図の方法を理解すること。

(イ)　平行移動，対称移動及び回転移動について理解すること。
　イ　次のような思考力，判断力，表現力等を身に付けること。
　　(ア)　図形の性質に着目し，基本的な作図の方法を考察し表現すること。
　　(イ)　図形の移動に着目し，二つの図形の関係について考察し表現すること。
　　(ウ)　基本的な作図や図形の移動を具体的な場面で活用すること。
(2)　空間図形について，数学的活動を通して，次の事項を身に付けることができるよう指導する。
　ア　次のような知識及び技能を身に付けること。
　　(ア)　空間における直線や平面の位置関係を知ること。
　　(イ)　扇形の弧の長さと面積，基本的な柱体や錐体，球の表面積と体積を求めること。
　イ　次のような思考力，判断力，表現力等を身に付けること。
　　(ア)　空間図形を直線や平面図形の運動によって構成されるものと捉えたり，空間図形を平面上に表現して平面上の表現から空間図形の性質を見いだしたりすること。
　　(イ)　立体図形の表面積や体積の求め方を考察し表現すること。
〔用語・記号〕
　　弧　弦　回転体　ねじれの位置
　　π　$/\!/$　$\perp$　$\angle$　$\triangle$

C　関数

(1)　比例，反比例について，数学的活動を通して，次の事項を身に付けることができるよう指導する。
　ア　次のような知識及び技能を身に付けること。
　　(ア)　関数関係の意味を理解すること。
　　(イ)　比例，反比例について理解すること。
　　(ウ)　座標の意味を理解すること。
　　(エ)　比例，反比例を表，式，グラフなどに表すこと。
　イ　次のような思考力，判断力，表現力等を身に付けること。
　　(ア)　比例，反比例として捉えられる二つの数量について，表，式，グラフなどを用いて調べ，それらの変化や対応の特徴を見いだすこと。
　　(イ)　比例，反比例を用いて具体的な事象を捉え考察し表現すること。
〔用語・記号〕
　　関数　変数　変域

D　データの活用

(1)　データの分布について，数学的活動を通して，次の事項を身に付けることができるよう指導する。
　ア　次のような知識及び技能を身に付けること。
　　(ア)　ヒストグラムや相対度数などの必要性と意味を理解する

こと。
　　　(イ)　コンピュータなどの情報手段を用いるなどしてデータを表やグラフに整理すること。
　　イ　次のような思考力，判断力，表現力等を身に付けること。
　　　(ア)　目的に応じてデータを収集して分析し，そのデータの分布の傾向を読み取り，批判的に考察し判断すること。
　(2)　不確定な事象の起こりやすさについて，数学的活動を通して，次の事項を身に付けることができるよう指導する。
　　ア　次のような知識及び技能を身に付けること。
　　　(ア)　多数の観察や多数回の試行によって得られる確率の必要性と意味を理解すること。
　　イ　次のような思考力，判断力，表現力等を身に付けること。
　　　(ア)　多数の観察や多数回の試行の結果を基にして，不確定な事象の起こりやすさの傾向を読み取り表現すること。
〔用語・記号〕
　　範囲　累積度数
〔数学的活動〕
　(1)　「A数と式」，「B図形」，「C関数」及び「Dデータの活用」の学習やそれらを相互に関連付けた学習において，次のような数学的活動に取り組むものとする。
　　ア　日常の事象を数理的に捉え，数学的に表現・処理し，問題を解決したり，解決の過程や結果を振り返って考察したりする活動
　　イ　数学の事象から問題を見いだし解決したり，解決の過程や結果を振り返って統合的・発展的に考察したりする活動
　　ウ　数学的な表現を用いて筋道立てて説明し伝え合う活動

3　内容の取扱い
　(1)　内容の「A数と式」の(1)に関連して，自然数を素数の積として表すことを取り扱うものとする。
　(2)　内容の「A数と式」の(1)のアとイの(ア)に関連して，数の集合と四則計算の可能性を取り扱うものとする。
　(3)　内容の「A数と式」の(2)のアの(エ)に関連して，大小関係を不等式を用いて表すことを取り扱うものとする。
　(4)　内容の「A数と式」の(3)のアの(イ)とイの(イ)に関連して，簡単な比例式を解くことを取り扱うものとする。
　(5)　内容の「B図形」の(1)のイの(ウ)に関連して，円の接線はその接点を通る半径に垂直であることを取り扱うものとする。
　(6)　内容の「B図形」の(2)のイの(ア)については，見取図や展開図，投影図を取り扱うものとする。

〔第２学年〕
1　目　標
　(1)　文字を用いた式と連立二元一次方程式，平面図形と数学的な推論，

一次関数,データの分布と確率などについての基礎的な概念や原理・法則などを理解するとともに,事象を数学化したり,数学的に解釈したり,数学的に表現・処理したりする技能を身に付けるようにする。
(2) 文字を用いて数量の関係や法則などを考察する力,数学的な推論の過程に着目し,図形の性質や関係を論理的に考察し表現する力,関数関係に着目し,その特徴を表,式,グラフを相互に関連付けて考察する力,複数の集団のデータの分布に着目し,その傾向を比較して読み取り批判的に考察して判断したり,不確定な事象の起こりやすさについて考察したりする力を養う。
(3) 数学的活動の楽しさや数学のよさを実感して粘り強く考え,数学を生活や学習に生かそうとする態度,問題解決の過程を振り返って評価・改善しようとする態度,多様な考えを認め,よりよく問題解決しようとする態度を養う。

2 内容
A 数と式
(1) 文字を用いた式について,数学的活動を通して,次の事項を身に付けることができるよう指導する。
　ア 次のような知識及び技能を身に付けること。
　　(ア) 簡単な整式の加法と減法及び単項式の乗法と除法の計算をすること。
　　(イ) 具体的な事象の中の数量の関係を文字を用いた式で表したり,式の意味を読み取ったりすること。
　　(ウ) 文字を用いた式で数量及び数量の関係を捉え説明できることを理解すること。
　　(エ) 目的に応じて,簡単な式を変形すること。
　イ 次のような思考力,判断力,表現力等を身に付けること。
　　(ア) 具体的な数の計算や既に学習した計算の方法と関連付けて,整式の加法と減法及び単項式の乗法と除法の計算の方法を考察し表現すること。
　　(イ) 文字を用いた式を具体的な場面で活用すること。
(2) 連立二元一次方程式について,数学的活動を通して,次の事項を身に付けることができるよう指導する。
　ア 次のような知識及び技能を身に付けること。
　　(ア) 二元一次方程式とその解の意味を理解すること。
　　(イ) 連立二元一次方程式の必要性と意味及びその解の意味を理解すること。
　　(ウ) 簡単な連立二元一次方程式を解くこと。
　イ 次のような思考力,判断力,表現力等を身に付けること。
　　(ア) 一元一次方程式と関連付けて,連立二元一次方程式を解

く方法を考察し表現すること。
    (イ) 連立二元一次方程式を具体的な場面で活用すること。
〔用語・記号〕
　同類項
B　図　形
(1) 基本的な平面図形の性質について，数学的活動を通して，次の事項を身に付けることができるよう指導する。
　ア　次のような知識及び技能を身に付けること。
　　(ア) 平行線や角の性質を理解すること。
　　(イ) 多角形の角についての性質が見いだせることを知ること。
　イ　次のような思考力，判断力，表現力等を身に付けること。
　　(ア) 基本的な平面図形の性質を見いだし，平行線や角の性質を基にしてそれらを確かめ説明すること。
(2) 図形の合同について，数学的活動を通して，次の事項を身に付けることができるよう指導する。
　ア　次のような知識及び技能を身に付けること。
　　(ア) 平面図形の合同の意味及び三角形の合同条件について理解すること。
　　(イ) 証明の必要性と意味及びその方法について理解すること。
　イ　次のような思考力，判断力，表現力等を身に付けること。
　　(ア) 三角形の合同条件などを基にして三角形や平行四辺形の基本的な性質を論理的に確かめたり，証明を読んで新たな性質を見いだしたりすること。
　　(イ) 三角形や平行四辺形の基本的な性質などを具体的な場面で活用すること。
〔用語・記号〕
　対頂角　内角　外角　定義
　証明　逆　反例　≡
C　関　数
(1) 一次関数について，数学的活動を通して，次の事項を身に付けることができるよう指導する。
　ア　次のような知識及び技能を身に付けること。
　　(ア) 一次関数について理解すること。
　　(イ) 事象の中には一次関数として捉えられるものがあることを知ること。
　　(ウ) 二元一次方程式を関数を表す式とみること。
　イ　次のような思考力，判断力，表現力等を身に付けること。
　　(ア) 一次関数として捉えられる二つの数量について，変化や対応の特徴を見いだし，表，式，グラフを相互に関連付けて考察し表現すること。
　　(イ) 一次関数を用いて具体的な事象を捉え考察し表現すること。

〔用語・記号〕
　　変化の割合　傾き
D　データの活用
(1) データの分布について，数学的活動を通して，次の事項を身に付けることができるよう指導する。
　ア　次のような知識及び技能を身に付けること。
　　(ア) 四分位範囲や箱ひげ図の必要性と意味を理解すること。
　　(イ) コンピュータなどの情報手段を用いるなどしてデータを整理し箱ひげ図で表すこと。
　イ　次のような思考力，判断力，表現力等を身に付けること。
　　(ア) 四分位範囲や箱ひげ図を用いてデータの分布の傾向を比較して読み取り，批判的に考察し判断すること。
(2) 不確定な事象の起こりやすさについて，数学的活動を通して，次の事項を身に付けることができるよう指導する。
　ア　次のような知識及び技能を身に付けること。
　　(ア) 多数回の試行によって得られる確率と関連付けて，場合の数を基にして得られる確率の必要性と意味を理解すること。
　　(イ) 簡単な場合について確率を求めること。
　イ　次のような思考力，判断力，表現力等を身に付けること。
　　(ア) 同様に確からしいことに着目し，場合の数を基にして得られる確率の求め方を考察し表現すること。
　　(イ) 確率を用いて不確定な事象を捉え考察し表現すること。
〔数学的活動〕
(1) 「A数と式」，「B図形」，「C関数」及び「Dデータの活用」の学習やそれらを相互に関連付けた学習において，次のような数学的活動に取り組むものとする。
　ア　日常の事象や社会の事象を数理的に捉え，数学的に表現・処理し，問題を解決したり，解決の過程や結果を振り返って考察したりする活動
　イ　数学の事象から見通しをもって問題を見いだし解決したり，解決の過程や結果を振り返って統合的・発展的に考察したりする活動
　ウ　数学的な表現を用いて論理的に説明し伝え合う活動

3　内容の取扱い
(1) 内容の「B図形」の(2)のイの(ア)に関連して，正方形，ひし形及び長方形が平行四辺形の特別な形であることを取り扱うものとする。

〔第3学年〕
1　目　標
(1) 数の平方根，多項式と二次方程式，図形の相似，円周角と中心角の関係，三平方の定理，関数 $y = ax^2$，標本調査などについての基礎的な概念や原理・法則などを理解するとともに，事象を数学化し

249

たり，数学的に解釈したり，数学的に表現・処理したりする技能を身に付けるようにする。
(2) 数の範囲に着目し，数の性質や計算について考察したり，文字を用いて数量の関係や法則などを考察したりする力，図形の構成要素の関係に着目し，図形の性質や計量について論理的に考察し表現する力，関数関係に着目し，その特徴を表，式，グラフを相互に関連付けて考察する力，標本と母集団の関係に着目し，母集団の傾向を推定し判断したり，調査の方法や結果を批判的に考察したりする力を養う。
(3) 数学的活動の楽しさや数学のよさを実感して粘り強く考え，数学を生活や学習に生かそうとする態度，問題解決の過程を振り返って評価・改善しようとする態度，多様な考えを認め，よりよく問題解決しようとする態度を養う。

2 内 容
A 数と式
(1) 正の数の平方根について，数学的活動を通して，次の事項を身に付けることができるよう指導する。
　ア　次のような知識及び技能を身に付けること。
　　(ｱ)　数の平方根の必要性と意味を理解すること。
　　(ｲ)　数の平方根を含む簡単な式の計算をすること。
　　(ｳ)　具体的な場面で数の平方根を用いて表したり処理したりすること。
　イ　次のような思考力，判断力，表現力等を身に付けること。
　　(ｱ)　既に学習した計算の方法と関連付けて，数の平方根を含む式の計算の方法を考察し表現すること。
　　(ｲ)　数の平方根を具体的な場面で活用すること。

(2) 簡単な多項式について，数学的活動を通して，次の事項を身に付けることができるよう指導する。
　ア　次のような知識及び技能を身に付けること。
　　(ｱ)　単項式と多項式の乗法及び多項式を単項式で割る除法の計算をすること。
　　(ｲ)　簡単な一次式の乗法の計算及び次の公式を用いる簡単な式の展開や因数分解をすること。

$(a+b)^2 = a^2 + 2ab + b^2$
$(a-b)^2 = a^2 - 2ab + b^2$
$(a+b)(a-b) = a^2 - b^2$
$(x+a)(x+b) = x^2 + (a+b)x + ab$

　イ　次のような思考力，判断力，表現力等を身に付けること。
　　(ｱ)　既に学習した計算の方法と関連付けて，式の展開や因数分解をする方法を考察し表現すること。
　　(ｲ)　文字を用いた式で数量及び数量の関係を捉え説明すること。

(3) 二次方程式について，数学的活動を通して，次の事項を身に付けることができるよう指導する。
　ア　次のような知識及び技能を身に付けること。
　　(ア)　二次方程式の必要性と意味及びその解の意味を理解すること。
　　(イ)　因数分解したり平方の形に変形したりして二次方程式を解くこと。
　　(ウ)　解の公式を知り，それを用いて二次方程式を解くこと。
　イ　次のような思考力，判断力，表現力等を身に付けること。
　　(ア)　因数分解や平方根の考えを基にして，二次方程式を解く方法を考察し表現すること。
　　(イ)　二次方程式を具体的な場面で活用すること。

〔用語・記号〕
　根号　有理数　無理数　因数　√

B　図　形
(1) 図形の相似について，数学的活動を通して，次の事項を身に付けることができるよう指導する。
　ア　次のような知識及び技能を身に付けること。
　　(ア)　平面図形の相似の意味及び三角形の相似条件について理解すること。
　　(イ)　基本的な立体の相似の意味及び相似な図形の相似比と面積比や体積比との関係について理解すること。
　イ　次のような思考力，判断力，表現力等を身に付けること。
　　(ア)　三角形の相似条件などを基にして図形の基本的な性質を論理的に確かめること。
　　(イ)　平行線と線分の比についての性質を見いだし，それらを確かめること。
　　(ウ)　相似な図形の性質を具体的な場面で活用すること。
(2) 円周角と中心角の関係について，数学的活動を通して，次の事項を身に付けることができるよう指導する。
　ア　次のような知識及び技能を身に付けること。
　　(ア)　円周角と中心角の関係の意味を理解し，それが証明できることを知ること。
　イ　次のような思考力，判断力，表現力等を身に付けること。
　　(ア)　円周角と中心角の関係を見いだすこと。
　　(イ)　円周角と中心角の関係を具体的な場面で活用すること。
(3) 三平方の定理について，数学的活動を通して，次の事項を身に付けることができるよう指導する。
　ア　次のような知識及び技能を身に付けること。
　　(ア)　三平方の定理の意味を理解し，それが証明できることを知ること。
　イ　次のような思考力，判断力，表現力等を身に付けること。
　　(ア)　三平方の定理を見いだすこと。

資　料

　　(イ)　三平方の定理を具体的な場面で活用すること。
〔用語・記号〕
　　∽

C　関　数
(1)　関数 $y=ax^2$ について，数学的活動を通して，次の事項を身に付けることができるよう指導する。
　ア　次のような知識及び技能を身に付けること。
　　(ア)　関数 $y=ax^2$ について理解すること。
　　(イ)　事象の中には関数 $y=ax^2$ として捉えられるものがあることを知ること。
　　(ウ)　いろいろな事象の中に，関数関係があることを理解すること。
　イ　次のような思考力，判断力，表現力等を身に付けること。
　　(ア)　関数 $y=ax^2$ として捉えられる二つの数量について，変化や対応の特徴を見いだし，表，式，グラフを相互に関連付けて考察し表現すること。
　　(イ)　関数 $y=ax^2$ を用いて具体的な事象を捉え考察し表現すること。

D　データの活用
(1)　標本調査について，数学的活動を通して，次の事項を身に付けることができるよう指導する。
　ア　次のような知識及び技能を身に付けること。
　　(ア)　標本調査の必要性と意味を理解すること。
　　(イ)　コンピュータなどの情報手段を用いるなどして無作為に標本を取り出し，整理すること。
　イ　次のような思考力，判断力，表現力等を身に付けること。
　　(ア)　標本調査の方法や結果を批判的に考察し表現すること。
　　(イ)　簡単な場合について標本調査を行い，母集団の傾向を推定し判断すること。
〔用語・記号〕
　全数調査
〔数学的活動〕
(1)　「A数と式」，「B図形」，「C関数」及び「Dデータの活用」の学習やそれらを相互に関連付けた学習において，次のような数学的活動に取り組むものとする。
　ア　日常の事象や社会の事象を数理的に捉え，数学的に表現・処理し，問題を解決したり，解決の過程や結果を振り返って考察したりする活動
　イ　数学の事象から見通しをもって問題を見いだし解決したり，解決の過程や結果を振り返って統合的・発展的に考察したりする活動
　ウ　数学的な表現を用いて論理的に説明し伝え合う活動

3　内容の取扱い
(1)　内容の「A数と式」の(1)などに関連して，誤差や近似値，$a\times 10^n$ の形の表現を取り扱うものとする。

(2) 内容の「A数と式」の(3)については，実数の解をもつ二次方程式を取り扱うものとする。

(3) 内容の「A数と式」の(3)のアの(イ)とイの(ア)については，$ax2 = b$（a，bは有理数）の二次方程式及び$x2 + px + q = 0$（p，qは整数）の二次方程式を取り扱うものとする。因数分解して解くことの指導においては，内容の「A数と式」の(2)のアの(イ)に示した公式を用いることができるものを中心に取り扱うものとする。また，平方の形に変形して解くことの指導においては，xの係数が偶数であるものを中心に取り扱うものとする。

(4) 内容の「B図形」の(2)に関連して，円周角の定理の逆を取り扱うものとする。

第3　指導計画の作成と内容の取扱い

1　指導計画の作成に当たっては，次の事項に配慮するものとする。

(1) 単元など内容や時間のまとまりを見通して，その中で育む資質・能力の育成に向けて，数学的活動を通して，生徒の主体的・対話的で深い学びの実現を図るようにすること。その際，数学的な見方・考え方を働かせながら，日常の事象や社会の事象を数理的に捉え，数学の問題を見いだし，問題を自立的，協働的に解決し，学習の過程を振り返り，概念を形成するなどの学習の充実を図ること。

(2) 第2の各学年の目標の達成に支障のない範囲内で，当該学年の内容の一部を軽く取り扱い，それを後の学年で指導することができるものとすること。また，学年の目標を逸脱しない範囲内で，後の学年の内容の一部を加えて指導することもできるものとすること。

(3) 生徒の学習を確実なものにするために，新たな内容を指導する際には，既に指導した関連する内容を意図的に再度取り上げ，学び直しの機会を設定することに配慮すること。

(4) 障害のある生徒などについては，学習活動を行う場合に生じる困難さに応じた指導内容や指導方法の工夫を計画的，組織的に行うこと。

(5) 第1章総則の第1の2の(2)に示す道徳教育の目標に基づき，道徳科などとの関連を考慮しながら，第3章特別の教科道徳の第2に示す内容について，数学科の特質に応じて適切な指導をすること。

2　第2の内容の取扱いについては，次の事項に配慮するものとする。

(1) 思考力，判断力，表現力等を育成するため，各学年の内容の指導に当たっては，数学的な表現を用いて簡潔・明瞭・的確に表現したり，互いに自分の考え

を表現し伝え合ったりするなどの機会を設けること。
(2) 各領域の指導に当たっては，必要に応じ，そろばんや電卓，コンピュータ，情報通信ネットワークなどの情報手段を適切に活用し，学習の効果を高めること。
(3) 各領域の指導に当たっては，具体物を操作して考えたり，データを収集して整理したりするなどの具体的な体験を伴う学習を充実すること。
(4) 第2の各学年の内容に示す〔用語・記号〕は，当該学年で取り扱う内容の程度や範囲を明確にするために示したものであり，その指導に当たっては，各学年の内容と密接に関連させて取り上げること。
3 数学的活動の取組においては，次の事項に配慮するものとする。
(1) 数学的活動を楽しめるようにするとともに，数学を学習することの意義や数学の必要性などを実感する機会を設けること。
(2) 数学を活用して問題解決する方法を理解するとともに，自ら問題を見いだし，解決するための構想を立て，実践し，その過程や結果を評価・改善する機会を設けること。
(3) 各領域の指導に当たっては，観察や操作，実験などの活動を通して，数量や図形などの性質を見いだしたり，発展させたりする機会を設けること。
(4) 数学的活動の過程を振り返り，レポートにまとめ発表することなどを通して，その成果を共有する機会を設けること。
4 生徒の数学的活動への取組を促し思考力，判断力，表現力等の育成を図るため，各領域の内容を総合したり日常の事象や他教科等での学習に関連付けたりするなどして見いだした問題を解決する学習を課題学習と言い，この実施に当たっては各学年で指導計画に適切に位置付けるものとする。

編者・執筆者一覧

●編　者
永田潤一郎（文教大学教授）

●執筆者

永田潤一郎（上掲）	1章，2章，3章1節・5節・6節，4章1節・2節，5章
佐々　祐之（北海道教育大学教授）	3章2節A・3節A・4節A
茅野　公穂（信州大学教授）	3章2節B・3節B・4節B
岩田　耕司（福岡教育大学准教授）	3章2節C・3節C・4節C
松元新一郎（静岡大学教授）	3章2節D・3節D・4節D
長谷川英和（北海道教育大学附属札幌中学校教諭）	4章3節1
清水あかね（長野県小布施町立小布施中学校教諭）	4章3節2
永海　哲広（福岡教育大学附属福岡中学校教諭）	4章3節3
石綿健一郎（東京都世田谷区立用賀中学校教諭）	4章3節4

［掲載順／職名は執筆時現在］

●編著者プロフィール

永田潤一郎（ながた・じゅんいちろう）
文教大学教授

千葉大学大学院修了。中・高校に17年間勤務後，文部科学省初等中等教育局教育課程課で教科調査官，国立教育政策研究所で教育課程調査官・学力調査官を務める。現在，文教大学で教員養成に携わりながら，全国各地の研究会や研修会に積極的に参加し，先生方と学び合う機会を大切にしている。主な著書『数学的活動をつくる』（東洋館出版社）など。

平成29年改訂
中学校教育課程実践講座
数　学

2018年2月25日　第1刷発行

　　編　著　**永田潤一郎**
　　発　行　株式会社**ぎょうせい**
　　　　　　〒136-8575　東京都江東区新木場1-18-11
　　　　　　　　　電　話　編集　03-6892-6508
　　　　　　　　　　　　　営業　03-6892-6666
　　　　　　　　　フリーコール　0120-953-431
　　　　　　　　　URL：https://gyosei.jp

〈検印省略〉

印刷　ぎょうせいデジタル株式会社
乱丁・落丁本は，送料小社負担にてお取り替えいたします。
Ⓒ2018 Printed in Japan　禁無断転載・複製
ISBN978-4-324-10320-3 (3100535-01-004)　[略号：29中課程（数）]

平成29年改訂
小学校教育課程実践講座
全14巻

☑ 豊富な先行授業事例・指導案
☑ Q&Aで知りたい疑問を即解決！
☑ 信頼と充実の執筆陣

⇒学校現場の ❓ に即アプローチ！
明日からの授業づくりに直結!!

A5判・本文2色刷り・各巻220～240頁程度
セット定価（本体 **25,200**円+税） 各巻定価（本体 **1,800**円+税）
セット送料サービス　　　　　　　　　　　各巻送料300円

巻構成　編者一覧

- ●**総則**　天笠　茂（千葉大学特任教授）
- ●**国語**　樺山敏郎（大妻女子大学准教授）
- ●**社会**　北　俊夫（国士舘大学教授）
- ●**算数**　齊藤一弥（高知県教育委員会学力向上総括専門官）
- ●**理科**　日置光久（東京大学特任教授）
　　　　田村正弘（東京都足立区立千寿小学校校長）
　　　　川上真哉（東京大学特任研究員）
- ●**生活**　朝倉　淳（広島大学教授）
- ●**音楽**　宮下俊也（奈良教育大学教授・副学長・理事）
- ●**図画工作**　奥村高明（聖徳大学教授）
- ●**家庭**　岡　陽子（佐賀大学大学院教授）
　　　　鈴木明子（広島大学大学院教授）
- ●**体育**　岡出美則（日本体育大学教授）
- ●**外国語活動・外国語**　菅　正隆（大阪樟蔭女子大学教授）
- ●**特別の教科 道徳**　押谷由夫（武庫川女子大学教授）
- ●**総合的な学習の時間**　田村　学（國學院大學教授）
- ●**特別活動**　有村久春（東京聖栄大学教授）

株式会社 **ぎょうせい**
フリーコール TEL：0120-953-431 [平日9〜17時]　FAX：0120-953-495
〒136-8575 東京都江東区新木場1-18-11
https://shop.gyosei.jp　ぎょうせいオンライン 検索

平成29年改訂
中学校教育課程実践講座
全13巻

☑ 豊富な先行授業事例・指導案
☑ Q&Aで知りたい疑問を即解決!
☑ 信頼と充実の執筆陣

⇒ 学校現場の ? に即アプローチ!
　明日からの授業づくりに直結!!

A5判・本文2色刷り・各巻220〜240頁程度
セット定価(本体 **23,400**円+税) 各巻定価(本体 **1,800**円+税)
セット送料サービス　　　　　　　　　　各巻送料300円

巻構成　編者一覧

- ●**総則**　天笠　茂（千葉大学特任教授）
- ●**国語**　髙木展郎（横浜国立大学名誉教授）
- ●**社会**　工藤文三（大阪体育大学教授）
- ●**数学**　永田潤一郎（文教大学准教授）
- ●**理科**　小林辰至（上越教育大学大学院教授）
- ●**音楽**　宮下俊也（奈良教育大学教授・副学長・理事）
- ●**美術**　永関和雄（武蔵野美術大学非常勤講師）
　　　　　安藤聖子（明星大学非常勤講師）
- ●**保健体育**　今関豊一（日本体育大学大学院教授）
- ●**技術・家庭**
　〈技術分野〉古川　稔（福岡教育大学特命教授）
　〈家庭分野〉杉山久仁子（横浜国立大学教授）
- ●**外国語**　菅　正隆（大阪樟蔭女子大学教授）
- ●**特別の教科 道徳**　押谷由夫（武庫川女子大学教授）
- ●**総合的な学習の時間**　田村　学（國學院大學教授）
- ●**特別活動**　城戸　茂（愛媛大学教授）
　　　　　　　島田光美（日本体育大学非常勤講師）
　　　　　　　美谷島正義（東京女子体育大学教授）
　　　　　　　三好仁司（日本体育大学教授）

株式会社 **ぎょうせい**
フリーコール **TEL:0120-953-431** [平日9〜17時] **FAX:0120-953-495**
〒136-8575 東京都江東区新木場1-18-11
https://shop.gyosei.jp
ぎょうせいオンライン [検索]

中教審答申解説 2017

「社会に開かれた教育課程」で育む資質・能力

白梅学園大学教授
中央教育審議会教育課程部会長
無藤 隆 ＋『新教育課程ライブラリ』編集部 [編]

A5判・定価（本体2,700円＋税）

電子版 本体2,700円＋税
※電子版はぎょうせいオンラインからご注文ください。

新学習指導要領の理解が深まる！

- 中教審のキーマンが新学習指導要領の基本的な方向性を端的に解説。
- 学校づくり・授業づくりを進めるテキストとして、学校の教育計画づくりや校内研修にも最適！

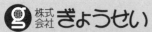

フリーコール
TEL：0120-953-431 [平日9～17時] FAX：0120-953-495

〒136-8575 東京都江東区新木場1-18-11　https://shop.gyosei.jp　ぎょうせいオンライン 検索

次代を創る
「資質・能力」を育む
学校づくり

新しい学習指導要領が描く「学校」の姿とは——。明日からの学校づくりのための「課題」と「方策」を、スクールリーダーに向けて明示！

管理職試験対策に必備

吉冨芳正（明星大学教授）／編集
A5判・全3巻
セット定価（本体7,200円＋税）送料サービス
各巻定価（本体2,400円＋税）送料300円

第1巻 「社会に開かれた教育課程」と新しい学校づくり
　各分野の研究・実践の第一人者が、新指導要領下の学校経営のポイントを丁寧に解説。

第2巻 「深く学ぶ」子供を育てる学級づくり・授業づくり
　学習評価、道徳科、特別活動など新指導要領で重視されているテーマについて考え方・進め方を詳解。

第3巻 新教育課程とこれからの研究・研修
　写真や図を豊富に用いて各地の小中学校・教委による実践事例を紹介。取り組みのための具体的ヒントが満載。

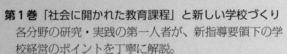

〒136-8575 東京都江東区新木場1-18-11

「特別支援教育」の考え方・進め方が **事例でわかるシリーズ！**

共生社会の時代の特別支援教育 全3巻

編集代表 **柘植雅義**（筑波大学教授）

A5判・セット定価（本体**7,500**円＋税）送料サービス
各巻定価（本体**2,500**円＋税）送料300円 ［電子版］各巻定価（本体2,500円＋税）
※送料は平成29年11月現時点の料金です。　※電子版はぎょうせいオンライン（https://shop.gyosei.jp）からご注文ください。

「特別支援教育」の今を知り、目の前の子供たちに向き合っていく。
その確かな手がかりがここに。

巻構成

第1巻 新しい特別支援教育 インクルーシブ教育の今とこれから

特別支援教育の現状と課題をコンパクトにまとめ、学校種ごとの実践のポイントについて事例を通して紹介いたします。

編集代表 **柘植雅義**（筑波大学教授）　編著　**石橋由紀子**（兵庫教育大学大学院准教授）
　　　　　　　　　　　　　　　　　　　　伊藤由美（国立特別支援教育総合研究所主任研究員）
　　　　　　　　　　　　　　　　　　　　吉利宗久（岡山大学大学院准教授）

第2巻 学びを保障する指導と支援 すべての子供に配慮した学習指導

障害のある子供への指導・支援、すべての子供が共に学び合う環境づくり、授業における合理的配慮の実際など、日々の実践に直結した事例が満載です。

編集代表 **柘植雅義**（筑波大学教授）　編著　**熊谷恵子**（筑波大学教授）
　　　　　　　　　　　　　　　　　　　　日野久美子（佐賀大学大学院教授）
　　　　　　　　　　　　　　　　　　　　藤本裕人（帝京平成大学教授）

第3巻 連携とコンサルテーション 多様な子供を多様な人材で支援する

学校内外の人材をどう生かし子供の学びと育ちを支えていくか。生徒指導や教育相談の在り方は、保護者の関わりは、様々な連携策を事例で示します。

編集代表 **柘植雅義**（筑波大学教授）　編著　**大石幸二**（立教大学教授）
　　　　　　　　　　　　　　　　　　　　鎌塚優子（静岡大学教授）
　　　　　　　　　　　　　　　　　　　　滝川国芳（東洋大学教授）

 株式会社 **ぎょうせい**
〒136-8575　東京都江東区新木場1-18-11

フリーコール
TEL：0120-953-431 ［平日9～17時］ **FAX：0120-953-495**
https://shop.gyosei.jp　ぎょうせいオンライン